月は宇宙船だった

2億6700万年前 に地球と会合

空 不動

献文舎

【巻頭図1】　生命の根源「水」　H_2Oの概念図形

[図1−1]

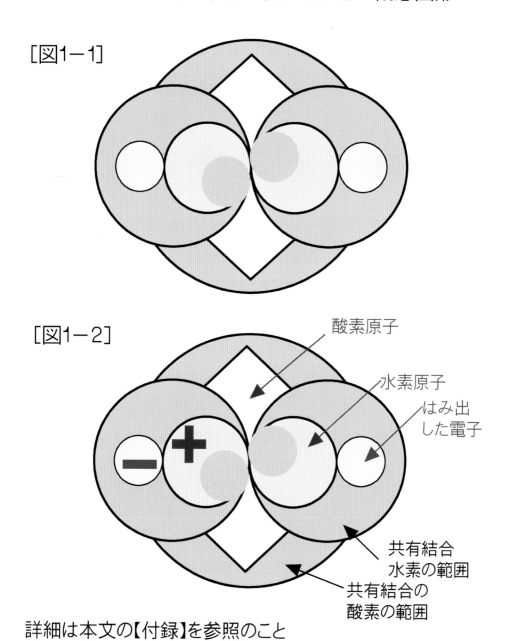

[図1−2]

酸素原子

水素原子

はみ出
した電子

共有結合
水素の範囲

共有結合の
酸素の範囲

詳細は本文の【付録】を参照のこと

【写真1】ロズウェル・ロック

2004年9月にロズウェルで発見された

「Daily Mail」の記事より

【写真2】 対応するミステリーサークルの図形

1996年8月2日にイギリスのチゼルドンに出現した

「Daily Mail」の記事より

【巻頭図2】地球年代表

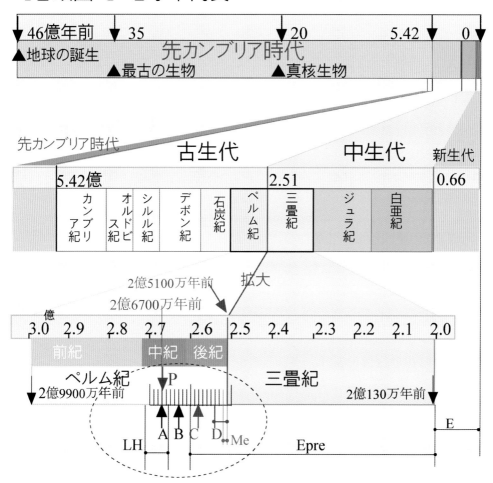

時点［P］本論での結論。宇宙船・月が到来した時点。［A］に一致する。
時点［A］ペルム紀中期の地磁気逆転が始まった時点。2億6700万年前。
時点［B］パンゲア大陸誕生時。ペルム紀後期。2億6300万年前後の時点。
時点［C］月が地球接近軌道に入った時点。2億5800万年前の時機。
時点［D］月の軌道が最も地球に近づいた時点。2億5400万年前の時機。
時点［Epre］地球内部で大陸の分裂が始まった時点。2億6000万年前。
時点［E］実際にパンゲア大陸の移動が始まった時点。2億年前。
時点［LH］リンダ・ハウが発表した宇宙人到来の時点。2億7000万年前頃。
時点［Me］ペルム紀後期の大量絶滅期間。2億5200万年前から100万年間。

【巻頭図3】月の会合時点［P］と
地磁気逆転が始まった時点［A］の関係

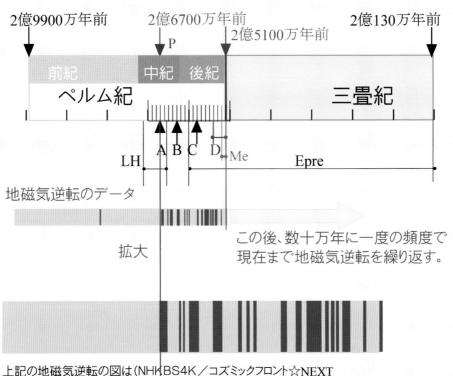

この後、数十万年に一度の頻度で
現在まで地磁気逆転を繰り返す。

拡大

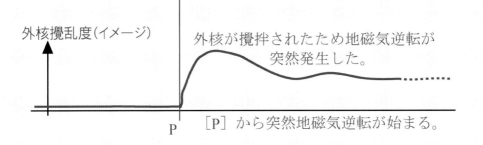

上記の地磁気逆転の図は(NHK BS4K／コズミックフロント☆NEXT
▽大量絶滅ビッグファイブ〜生命進化の謎・前編)を書き写した。

外核攪乱度(イメージ)

外核が攪拌されたため地磁気逆転が
突然発生した。

P ［P］から突然地磁気逆転が始まる。

【巻頭図4】地球の内部構造

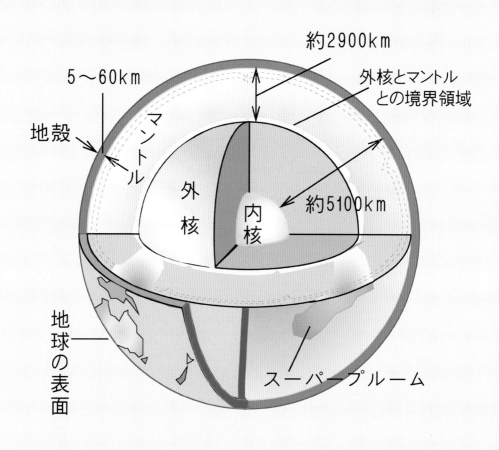

約2900km

外核とマントル
との境界領域

5〜60km

地殻

マントル

外核

内核

約5100km

地球の表面

スーパープルーム

【巻頭図5】 月軌道のコントロール

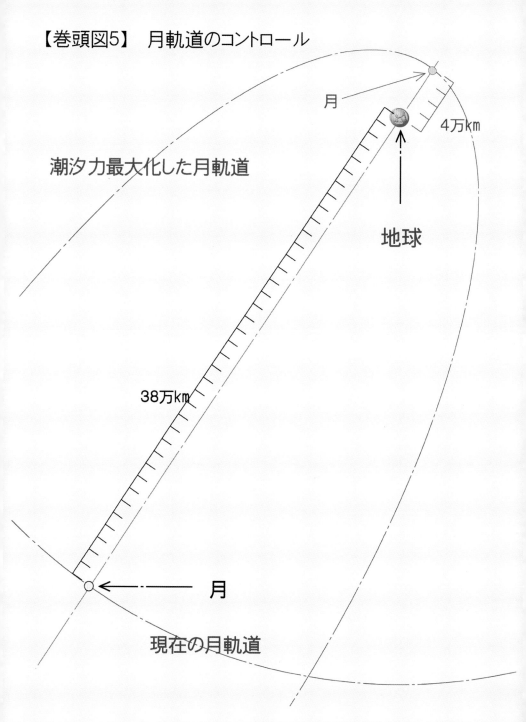

潮汐力最大化した月軌道

月

4万km

地球

38万km

月

現在の月軌道

【巻頭図6】地磁気逆転の概念図

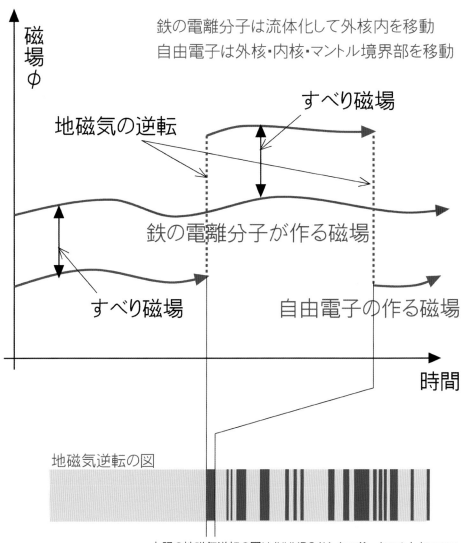

鉄の電離分子は流体化して外核内を移動
自由電子は外核・内核・マントル境界部を移動

磁場φ

地磁気の逆転

すべり磁場

鉄の電離分子が作る磁場

すべり磁場

自由電子の作る磁場

時間

地磁気逆転の図

上記の地磁気逆転の図は(NHKBS4K／コズミックフロント☆NEXT
▽大量絶滅ビッグファイブ〜生命進化の謎・前編)を書き写した。

序　文

　「月を宇宙船として、宇宙人が地球にやって来た」との主張は決して著者が言い出した訳ではなく、以前から有った見解である。月は自然の天体としては極めて異質であるために、その様な主張が一部では強くなされてきていた。

　本書は、その主張を受けて、次に宇宙船・月の 潮汐力（ちょうせきりょく）に着目して、その 潮汐力（ちょうせきりょく）が意図的に地球を活性化して、今日の地球を創り上げたのだという著者の主張に繋がっていく。

　その証拠を幾つか本書で示すことになる。

　その主たるものは古生代ペルム紀の終わりに、突然地磁気の逆転が発生し、その後現代にまで継続している。本書では、地磁気逆転と月の 潮汐力（ちょうせきりょく）の関係を示すことになる。地磁気逆転は月の潮汐力によって、地球のマントルのさらに下層にある外核における高温高圧の、液化して電離した鉄の流体と、半ばプラズマ化した自由電子の振る舞いによって発生したことを示した。

その地磁気逆転の後に、今でも原因不明とされている生物の大量絶滅が発生していた。この地球の歴史上最も大きな生物の大量絶滅の原因が人工天体の月の 潮汐力（ちょうせきりょく） であることを示すことになる。

　さらにその後、数億年間も安定していた超大陸「パンゲア」が今から２億年前に何故か突然分裂し、１０個以上のプレートに分かれて、それぞれが移動を始めて今日の六大陸になっていったことは歴史上の出来事として確認されている。実はこれも月の潮汐力が地球を内部から揺さぶった事による地球に特有の出来事であることを示した。

　著者はこの書を通して、このような一連の古代史に起きた、この突然の地球の大激変こそ、宇宙船・月の潮汐力によって起こされたのだとの説を唱えることになった。
　客観的に見てこれは月が人工天体だからこそ、自然ではあり得ない緻密さで地球の改造がなされたように見えるのである。

　ならば宇宙船・月は誰が作ったのか。
　この書では地球の大激変を生物学や地球物理学の面から

だけではなく、月を作った人達の目的をも探りながら語る。調べていくと次々に興味深い状況証拠が見つかってきた。

　この書ではいくつかの提案がある。

　これまで主流のプレートテクトニクス論では説明しきれない地球の大激変を著者による「潮汐力効果論」によって、地球の大激変の説明が可能であることを示した。そしてもし月が無ければ地球の大激変は決して起こらなかったのである。

　おそらく月が無ければ地球は火星とそれほど違わない不活性な天体となっていたに違いないのだ。

　宇宙人による地球改造計画も今ではかなり現実味を帯びてきていることとして読者に示したい。

　地球もそしてこの地球上で生きる人類も、宇宙人の地球改造計画の中に有り、我々は全てその計画の中で生きてきたことをいずれ知らされる時が来るのだ。

　その時の心構えについても示した。

　その時が来て、宇宙人と地球人との再会をする時のために宇宙人は常に地球人に対してメッセージを発信し続けて

いる。そのメッセージはしばしば暗号化されているので関心の無い人はそれを知ることが出来ないが、知ろうと思う人だけがそれを解いて理解することが出来るように導かれている。

　本書は前回の出版に続いてそのメッセージの一部を解読してここに示した。有名な「ロズウェル・ロック」にも成ったミステリーサークルの図形に隠された生命の根源に関する情報を本書の最後に示した。

月は宇宙船だった
2億6700万年前に地球と会合

目 次

はじめに

◗ 月は無かったことにしよう

　最初に著者による「月・宇宙船説」が生まれてきた背景にあるいくつかの説について語ってみよう。

　天文学者の間から「月を知れば知るほど不可解でお手上げ状態だ。もういっそ月は無かった事にしよう」という究極のジョークを聴いた時に「ああ、やっぱりそうだったのか」と私は納得した。

　常識の天文学では「月というものは知れば知るほど矛盾に満ちていて理解に苦しむし、もう真面に考えたくない」ということなのだ。

　月刊ムー2016年9月号によれば月の宇宙船説についての記述があり、月が惑星の衛星としては、とても異常な天体であることが詳しく書いてある。

　主なモノを拾い上げれば、地球の大きさに比較して月は衛星としては大きすぎる。主星の4分の1の直径を持つよ

うなこんな大きな衛星は他には存在しない。クレーターの深さは大きさによらず一定で、しかもクレーターの真ん中が深いわけではなく、むしろ中央が月の曲率で膨らんでいるとのこと。これは中々鋭い観察眼である。

　さらには月で採取した或る種の岩石は地球誕生の46億年よりも古いという結果が出ている。もしそうであるならば「成るほど」と言わざるを得ない。

　まだまだある。アポロが月面に置いてきた地震計によれば、帰還時に離陸装置を月面に落下させた時の地震波が３時間も継続したということで研究者を驚かせた。釣り鐘が長時間鳴り響いたようである。このことから、そこには巨大な空洞が有るかのようである。或る試算によれば月の外殻は4㎞で表面はチタン、クロム、ジルコニウムという重金属の層であるとのこと。これはもう通常の天体の成り立ちではあり得ないことだ。

　ロシアの科学会では月・宇宙船説が強く語られている。同じ月刊ムーによれば、旧ソ連の天文学者ミカイル・ヴァシンとアレクサンダー・シュシェルバコフが1970年7月、旧ソ連の科学雑誌「スプートニク」に発表した大胆な仮説

で、その大筋は次のようなものである。「太陽系外のどこかの宇宙空間に超高度な文明を持つ惑星があったが、あるとき潰滅の危機に瀕した。そこで小惑星の内部をくりぬいて超巨大宇宙船に改造。長途の宇宙旅行に旅立って地球と遭遇しその隣に腰を落ち着けた。月はいわば"宇宙版ノアの箱舟"である。」

「月・宇宙船説」の意味すること

　先ず月が宇宙船である前に、地球の歴史にとって月があるか無いかの違いは、月の潮汐力が有るか無いかの違いであるといえる。月の潮汐力が地球に及ぼしてきた影響はあたかも空気の存在のように余りに大きく大きすぎて気付かないと言える程のことなのだ。この月の潮汐力こそ地球をここまで育ててきた大きな原因なのだ。その上で月が宇宙船であったとすれば、地球の歴史は全く違った展開になる。

　月が本当に宇宙船であることを示すためにはまだまだ証拠が足りないが、月がもし本当に宇宙船だったら、それはそれは大変なことなのだ。
　考えてみて欲しい。もし「月・宇宙船説」が正しかった

ら、人類の歴史の過去の一点が変更されるだけではなく、そこから以降の歴史は根底からひっくり返ってしまうのだ。そしてそれが私達の価値観をも根底からひっくり返してしまうほどのことなのだ。

　私自身もそのような覚悟を持って「月・宇宙船説」に関しての議論を展開していきたいと思う。

　読者は以下に展開する、著者の「月・宇宙船説」の主張をそのまま信じる必要は無いが、著者の説が語る大きな可能性を他の従来の月の起源の可能性と共に、或いは古代の地球での出来事を他の説と比較しつつ検討してみることがとても意味のある事だと思う。

巨大衝突説と捕獲説

　世の中では「地球生誕の頃に火星程の大きさの天体が地球にぶつかって、何処かに飛んでいった。その時の破片が飛び散って、それがまとまり「月」になった」という巨大衝突説が月の起源の有力候補である。

　しかしそれを本気で信じている人は殆どいない。どこからどう考えても非現実的な説なのだが、しかし他に有力な

説がないから誰もが批判しながらも、この説を取り上げざるを得ないという消極的説なのである。

　著者もこの説は一切信じていないのだが、比較のためにこの説の矛盾を指摘しておく。

　火星程の天体が太陽系外から入って来ること自体がかなり確率が低いことなのに、それが秒速600kmで宇宙空間を進んでいる地球に、太陽系外から太陽の重力によって加速して入って来て的確に地球に衝突するという確率は殆どゼロだ。

　もし地球にぶつかった後、飛んでいかずに都合良く地球の一部になったとするなら、地球の半分程の地域は異なる物質で出来ているはずだ。その事実は無い。

　そしてもし何処かに飛んでいったとするなら長楕円軌道の惑星の一つになっているはずだ。

　さらにもし本当に衝突したら、運動量保存の法則から地球も大きく軌道を外して、長楕円軌道になって、地球の公転面も大きく歪んだはずである。以前との比較は出来ないが軌道も公転面も隣接の惑星と比較して極めて常識的である。

月が地球の誕生の時に生まれたとするなら、衝突ではなく月と地球は一緒に生まれたとする方がずっと合理的だ。性質の異なる二卵性双生児というところだろう。他の惑星との公転面の差異が小さいことからも、この説の方がまだ納得できる。

　月の起源としては他に「捕獲説」がある。近づいてきた月という天体を地球の引力が偶然捉えたとする説だ。これも又きわめて非現実的である。

　これは実は物理学的に矛盾しているのだ。長楕円軌道または双曲線軌道で近づいてきた月を地球の引力が引き寄せて、それを真円に近い軌道に取り込むということは原理的に不可能なのである。ただし偶然が１０個くらい重なって、たまたま近くに数個の惑星があって、第三者の天体の力を借りるというような非常識な仮定を置かない限り、これは困難であり、無理があり、ここに解があるとは思えない。月がエンジンを持っていて自分で軌道を調整したとしない限りこれは不可能なのだ。だから月にはエンジンが付いていたと考える方がまだ理屈に合うというものだ。

地球の古代史に何があったのか

　3億年前以降の古生代から現代にかけて、地球環境の激変を「月・宇宙船説」を前提としない現代の学問の世界で、どのように説明されているかを簡単に述べておく。

　最初に生物学的な面での特記事項は以下の通りである。

【巻頭図2】

　古生代ペルム紀の後期に生物の大量絶滅が発生した。この時の絶滅の程度は尋常では無かった。地球史上最大であったのだ。これには未だに謎が多く原因が定かではない。大量絶滅はこの時期以外にもしばしば発生しているがそれらは隕石衝突や火山爆発などで原因は特定されているからだ。この生物の大量絶滅は今後しばしば登場する。

　次に地殻構造の面から。7億年前からプレートが集まり始め、古生代と中生代の境界付近の2億5000万年前頃に超大陸パンゲアが生成されたと言われている。

　しかしこのパンゲア大陸の生成の直後、たった5000万年余りで超大陸パンゲアは突然分裂移動を開始し、約10のプレートに分かれ拡散を始めた。中生代に入って直

ぐの2億年前のことである。この急激な変化はとても異常であると言える。

　この急激なパンゲア大陸の生成と分裂と移動の過程は極めて謎で、これだけのダイナミックな活動を起こすための巨大なエネルギーがどこから来たのか、説明出来ないでいる。

　この時代の環境激変を説明する統一見解というモノは無いが、最近の学説
参考資料（NHKBS4K／コズミックフロント☆NEXT▽大量絶滅ビッグファイブ～生命進化の謎・前編～／後編）などから抜粋して、敢えて「月宇宙船説」に立たない従来のストーリーを組みたててみよう。　　　　　　【巻頭図3】

　パンゲア大陸の生成過程で、プレートの潜り込みにより大陸が一部ちぎれて巨大な大陸塊、つまり巨大メガリスが発生した。巨大メガリスは沈み込むプレートに引きずられ外核境界まで達する。外核に直接接した巨大メガリスは外核を冷却し、外核の表面が乱れる。外核は液化した鉄であって地球の熱源である。外核まで落ちてきたメガリスは外核とマントルとの境界で強い熱エネルギーを取得して再度マントル内を急激に上昇し、マントル内の上昇熱流、即

ちスーパープルームとなり、これが地殻にまで到達し、その一部は地殻を突き抜け、大陸を引き裂き、大陸を移動させた。

さらには沈み込んだメガリスが外核に接したことで外核の磁場が乱れ、地磁気逆転が発生した。一方上昇したスーパープルームは地殻を破り、火山爆発を起こし、火山灰は大気を覆い、それが寒冷化を生み、生物の大量絶滅となった。と言う流れである。

以上は最新の研究の成果を著者が集約したものだが、著者としてはここに大きな疑問を持たざるを得ない。

そこまでは10億年の時間を掛けてゆっくりと進行した大陸移動だったが、特にペルム紀中期以降の、地球環境激変にいたる地球活動の巨大なエネルギー源はいったいどこから来るのかという疑問である。

その急激な大陸分裂と移動の源となる巨大なエネルギーを全てスーパープルームの振る舞いによって強引に説明しようとしているようにみえる。

余りにミクロに見過ぎていないか。ここで一歩引いてマクロ的に見てみれば、何故地球誕生から既に40億年以上も過ぎた古生代に、なぜこのようなスーパープルームが突

然発生したのか。その必然性は見当たらない。このような疑問が次々と出てくる。

　それに加えて太陽系の他の惑星、よく地球と比較される隣の惑星火星には火山は有ってもプレートは無いのでプレートテクトニクス論は初めから成り立たないのだ。

　「何故、それが地球だけなのだ」という視点を重要視して、この視点を最後まで確保しつつ以下を読んで戴きたい。

　さてここまで述べたように「月・宇宙船説」は決して私が最初に言い出した訳ではなく、かなり以前から言われていたことである。

　そこでここから著者の「月・宇宙船説」に同意する著者にとっての、最初の重要な課題は「ならば、いつ月は地球にやってきたか」との宇宙船の到来時機に関する事である。元々はこの疑問に対する講演内容を基にこの書は書かれたのである。

　それに新たに、その宇宙船を作ったのは誰か。その目的は何なのか、それは地球に何をもたらしたのか、の疑問を追加して、その答えを導くいくつかの考察について以下に述べることにする。

　本書を纏めていて、最新の学術論文はとても参考になった。読んでいて知ったのだが、私の調べた限りではあるが、古代史における地球の激変に関しては、月の潮汐力には一切触れられていないのである。それだけに「突然現れた月の地球到達が全ての原因だったのではないか」と思えてくるのである。

考察❶ 2億6700万年前に月が地球にやってきた

地球の激変

　著者の考察「月・宇宙船説」の結論を先に言えば、月は古生代ペルム紀中期、2億6700万年前に地球にやってきたことになる。先ず議論を整理するために、事実と推論を分離して整理し、検討した重要時点を以下に纏めておく。

　時点［P］本論での結論。宇宙船・月が到来した時点。

　　　　　2億6700万年前

　　　　　※著者の結論

　時点［A］ペルム紀中期の地磁気逆転が始まった時点。

　　　　　2億6700万年前

　　　　　※観測事実

　時点［B］パンゲア大陸誕生時。ペルム紀後期。2億

　　　　　6300万年前後の時点

※学問的説

時点［C］月の軌道が地球に接近する周回軌道に入った

時点

2億5800万年前の時期。（第一段階軌道）

※著者の推論

時点［D］月の軌道が最も地球に近づいた時点

2億5400万年前の時期。（第二段階軌道）

※著者の推論

時点［Epre］地球内部で大陸の分裂が始まった時点。

2億6000万年前

※著者の推論

時点［E］実際に大陸の移動が始まった時点。2億年前

から現代まで続く

※観測事実

時点［LH］リンダ・ハウによる宇宙人到来の時点。2

億7000万年前頃

※アメリカ政府内から漏れてきた秘密情報／

⑤参照。

時点［Me］ペルム紀後期の大量絶滅期間。2億5100

万年前～2億5200万年前まで

※観測事実　　　　　　　　　【巻頭図2】【巻頭図3】

古生代ペルム紀に始まる
地球環境の激変は月由来である

「月・宇宙船説」を前提としなければ、つまり月が2億6700万年前に地球にやってきた事を前提としなければ、それまで概ね安泰だった地球で、外核とマントル対流が熱交換する自前のエネルギーだけで、2億年前に突然パンゲア大陸が分裂し、大陸移動を始めたことになる。この地球の歴史上の大きな出来事こそ謎を解く鍵となる。

パンゲア大陸の分裂とその後の移動のためには強大なエルギーが必要であり、どれ程のスーパープルームが発生したと考えても、短期間に大陸を分裂させるのは不可能だと著者は考える。

そう考える一つの根拠は、このような大陸分裂や移動というダイナミックな現象は、地球のみであり、他の天体では発生していないという事実にある。

そしてこの点が今の学説の大きな弱点ではないのだろうか。

明確な資料はないが、地球誕生から先カンブリア時代ま

での40億年強の期間はペルム紀以降に比べれば、地球は安定していた。40億年前の超古代にはロディニア超大陸が誕生し、その後7億年前にはそれが分裂して、2億6000万年前の頃時点［B］にパンゲア大陸が誕生したと言われている。これは10億年の単位の長時間を掛けた概ね穏やかな活動だったものとして、ここでは古生代以降（5億年前以降）を中心に考えてみることにする。

　これから述べるように「月・宇宙船説」を導入すれば新たに地球の引力圏に加わった月の潮汐力により、この時代の地球の激変が説明できるのだ。

【 潮汐力（ちょうせきりょく） とは】　今後しばしば出てくる潮汐力について初歩的な説明をしておく。月と地球のそれぞれの重心の位置から共通の重心位置が決まり、互いの初期速度から互いの回転の周期が一義的に決まる。ここで注意すべきはそれぞれの自転運動は潮汐力そのものには直接関係しない。

　ここで今地球のみに着目すれば、地球の重心の位置から離れた部位では一義的に決まった地球の重心の運動ベクトルとの差ベクトルが生まれ、重心のベクトルとは異なるベクトルが働く。この差ベクトルが海水の干潮満潮を生み出す基となる力であり、潮汐力という。

23

具体的には月の潮汐力によって、球体の地球をラグビーボールのような形に変形しようとする力が発生する。即ち地球の回転三軸の内、月と地球の重心を結ぶ長径の軸をラグビーボールのように前後に引っ張ろうとし、他の二方の軸には押し潰そうとする力が作用している。

「潮汐力効果論」の提言

○月は宇宙船であり、2億6700万年前に地球に到達した。その月の強力な潮汐力によって、地球はさまざまな影響を受けた。

①新たに登場した月の潮汐力によって地磁気逆転が頻発するようになった（後述）。

②地球に近づいた月の潮汐力によって巨大津波が起こり地表をなめ尽くした。これがペルム紀の生物の大量絶滅となった。

③地球に近づいた月の潮汐力によって地球の内部ではマントルに亀裂が生じ、数千万年後にパンゲア大陸が10個以上のプレートに分裂し、移動し、現在の大陸になった。著者はこのような新しい考えを提言した。

以下に詳しく述べるが、この考えを従来の「プレートテクトニクス論」に対して「潮汐力効果論」（Tidal force Effects Theoly／TET）と呼称する。

　「潮汐力効果論」の展開の中から「月・宇宙船説」の証拠が何か見つからないだろうか。さらにそこから月の訪問時期をより正確に割り出せるのではないか等と考えながら、先に進む。実際著者はこれを日記のように考えながら書いているのだ。

　最初の重要な候補が、大陸分裂による大陸移動を説明したプレートテクトニクス論である。プレートテクトニクス論によれば、もともと一つの超大陸であったパンゲア大陸はおよそ2億年前から突然分裂を開始し、それぞれが移動を始め、今の六大陸となり、それらは今も移動を続けているのだ。しかしここでの問題はこの厳然たる事実を証明するには、この大陸の運動のエネルギー源を説明しないわけにはいかないだろう。著者は「潮汐力効果論」で、そのエネルギー源を説明してみようと思っている。

🌓 2億年前の少し前に、地球に突如異常事態が発生した

　大陸移動が2億年前から始まった事実から少なくとも2億年以上前に、月が地球周回軌道に進入したことにより、それ以降地球は大きな潮汐力を受けることになり、それは今でも続いていると考えることは無理がない考えと言えよう。

　つまり「パンゲア大陸が分裂を始めたそれより少し前に。少しと言っても効果が現れるまでには多少時間が掛かるので、恐らく月はその数千万年前に地球にやってきた」との仮説を立ててみた。

　プレートテクトニクス論での大陸分裂は2億年前であるから、その数千万年前に月の地球軌道進入があったのだ。46億年の歴史を持つ地球において、2億年前の出来事とはつい先日の出来事である。その様なスケール感で付いてきて戴きたい。

　時点［B］で、超大陸となったばかりのパンゲア大陸が5000年も待たず、突然分裂し、その後2億年前から移動を始めたとするのは無理があるように思う。第一に月の潮

汐力を無視して、大陸分裂を発生させる程の巨大なエネルギーを地球内部の熱とその熱対流としてのスーパープルームだけで説明できるのだろうか。

　現状の理論では、何ら外力無しに中生代中期頃に突然大陸が分裂し、その後（2億年前）から移動を始めたということになる。このようなことは実に不自然であり、非現実的であり、問題にすべきことであると考える。

　その巨大な外力が月による潮汐力であると仮定することは「月・宇宙船説」に極めて良くマッチするのだ。

　月が突然やってきて、地球の周回軌道に入り、その時に月の潮汐力という外力が地球に対して働いたからこそ、それまで比較的緩やかに変化してきた地球上で、大陸が突然分裂し、移動をはじめたと考えることはごくごく自然の流れである。

　前述の通り潮汐力とは球体の地球をラグビーボールの様に変形しようとする吸引と圧縮の力であるとした。我々の日常でも堅いモノを柔らかくする時にはそうするのである。

　マグマは高温で岩石が溶解した流体であり、マントルの隙間から地殻を破って地表に噴出してくることは良く知ら

れている。ところがマントルはマグマと違い、固い岩石で出来ているので、どうして流体のように対流を起こすことが出来るのだろうか。実はこれはとても不思議なことの筈なのだ。ここに潮汐力の導入が必要になるのだ。

　潮汐力は堅いマントルに対して時間的に場所を変えて、ラグビーボールの形になるように押したり引いたりする力を常に与え続けている。そうするとマントル内に小さな沢山の亀裂を発生させることになる。それが硬い岩石のひびを滑り面として滑り始める。そのときに堅い岩石をも流体のように柔らかくし、岩石の擦れによる摩擦熱を発生させ、マントル流を作り出し、それがさらにマントル対流を促進させることになったのだ。潮汐力を導入すれば容易に想像が出来る。もちろん潮汐力は地殻にも外核にも影響を及ぼすがそれは後述する。

　さらに月の潮汐力の影響と言えるいくつかの傍証を上げてみよう。

　「パンゲア大陸が分裂を始めた時期、時点［Epre］以前に月が既に地球に到達していて、月の潮汐力が分裂の原因となっている」とする、著者の仮説を検討するに当たり、先ず地球の歴史を調査し、この時期に地球に何があったか

を地質学的に調べてみると、いくつかの注目すべき事象が確認された。以下に地質学的にだけではなく、地球外知的生命体に関する仮説も含めて拾い出してみる。いくつかの当初の仮説を❶❷❸❹❺として以下に示す。

[❶] 月の潮汐力でペルム紀後期に海洋生物の大量絶滅が起こった。

[❷] 月の潮汐力が巨大大陸を分裂させた。

[❸] 月の潮汐力が地磁気逆転を起こした。

[❹] 月と宇宙人による地球改造計画

[❺] リンダ・ハウは「今から2億7000万年前頃に宇宙人が地球上の生物の遺伝子を収集していった」と発表

パンゲア大陸が分裂する直前に月がやってきた

【巻頭図２】

パンゲア大陸の分裂と大陸移動

　［❷］巨大大陸を分裂させるほどのマントル対流が発生した。

　地球の構造の概略は【巻頭図４】に示す。表層から地殻・マントル・外核・内核となっている。内核と外核は地球の熱源であり、内核は固体の金属と言われている。

　外核の大きさは地球半径の半分以上を占める。そして外核には鉄が液化したまま外核内を対流している。

　外核の上部はマントルの最下部に直接接して、熱結合と粘性結合することで外核からマントルに熱を逃がし、そのマントルは地殻に熱を伝えることにより、地球の外に熱を逃がし続けることでマントル対流の運動を支えている。

　マントル対流は他の惑星には無いとされている。地球以外の惑星には大陸を分裂させるほどの力とエネルギーは存在しないのだ。

従ってプレートテクトニクス論による大陸分裂と移動は地球特有のことと考えるべきだ。地球と他の惑星で何故それほどの違いがあるのか、そこに疑問を持つべきだ。

そこで「潮汐力効果論」では「プレートテクトニクス論」を進化させ、例外的に巨大な月の潮汐力がこれだけのエネルギーを発生させていると考える。

月の潮汐力によって先ずマントルに亀裂が入り、その結果としてマントル対流が強化され、地殻にひびが入り、それらの相乗効果が大陸を分裂させ、移動させ続けている。

強大な摩擦力に打ち勝って、大陸移動を継続する程の力とエネルギーを今も放出し続けていることは驚異に値する。つまりそれは月の潮汐力の生み出すエネルギーがマントル対流を維持し、大陸移動を継続させていると著者は考えた。

月が突然到来し、潮汐力は外核を攪拌（かくはん）し、マントルと外核境界の形状を歪め、マントル対流を刺激し、スーパープルームが発生し、それが急上昇し、地殻を破り、大陸を分裂させ、さらに大陸を移動させているのだ。

🌐 他の天体における潮汐力の実例

○土星の衛星「エンケラドス」にみる潮汐力。

　土星の衛星「エンケラドス」は土星の表面から平均24万kmの楕円軌道を33時間で一周する。直径は498kmで月に比べて7分の1とかなり小さい。

　エンケラドスの表面には氷の層が20〜30kmあり、さらにその下には全球規模の地下海があり、海底で熱水活動が起こっているらしい。高温の海水が岩石と反応する「熱水反応」によると言われている。南極付近の氷には割れ目が存在し、水蒸気、二酸化炭素、水素、氷の粒子、有機物などがジェットのように吹き出しているのが探査機「カッシーニ」で観測されている。（参考資料https://www.astroarts.co.jp/article/hl/a/9511_enceladus）

　これらの現象を著者の考えも入れて説明する。この現象による消費熱量は衛星の内部の熱源だけでは説明は出来ない。恐らくその100倍以上の熱源が必要であるのだ。

　その熱源としてはエンケラドスは巨大な土星の周囲を楕円軌道で公転することで潮汐力の作用を受けて、氷の核が変形することで氷の層に強い摩擦熱を発生させること。さらに核の部分の熱水の部分に、常に潮汐力が働いて攪拌を

続けるという、土星による潮汐力がエネルギーを供給していることにあると考えられる。

○もう一つの潮汐力の例。「月がいつも地球に同じ面を見せているのは何故か」。

　これまで「月が地球に与える潮汐力」を扱ってきたが、反対に「地球が月に与える潮汐力」に関しても説明しておく。地球ではなく直接「月」について語る時には地球から受ける潮汐力という表現になる。しかしそれは月の潮汐力と別物では無く、同じモノであり、区別できない。

　「現在の月が地球に対して常に同じ面を向けている」これを潮汐ロックという。
これは物理学的に当然の結果である。
　月は地球の潮汐力の影響を受け続けた結果、同じように今度は地球が月を絞るように揉むことになる。それは月の自転にブレーキをかけることになり、そこで熱を発生しながら、次第に自転の回転数を落とし、最終的に同じ面を地球に向ける位置で安定したのだ。それは潮汐力が変化しない位置であり、揉む運動が止まった位置であり、摩擦が生じない位置で安定したという意味になる。

この時月の自転が止まったのではなく、自転と公転の周期が一致したという意味なのだ。

潮汐力はマントル対流を強化した

　話を戻して、古生代ペルム紀中期時点［P］において月による潮汐力は地球の内部を攪拌（かくはん）し続けた。

　攪拌（かくはん）と言っても救命時の心臓マッサージのようなもので、圧縮と吸引を繰り返す激しいエネルギー供給運動なのだ。この心臓マッサージの効果は外核とマントルへ与える影響が大きいが、特に外核は液体だけに外核への直接エネルギー供給は大きいと考えられる。

　月の潮汐力は元々の地球の自転を原因とする、外核の液体鉄の対流を激しく揺さぶり、地球の自転とは別の周期で圧縮・吸引を繰り返して、そのリズムを乱し、その後に続いて液体鉄の対流に接しているマントル基底部からの強い熱流を増加させ、激しいマントル対流を発生させる。

　外核から熱を受け取ったマントル対流は、さらに月の潮汐力により外核からの熱移動を増加させ、局所的にマントル対流を加速させ、高熱のマントル流であるスーパープ

ルームを生成する。さらにそこから数千万年かけて時点
［E］に至り、安定していた地殻の一部を破壊し、パンゲ
ア大陸を分裂させるまでに至るのだ。

　ただし「潮汐力効果論」に立つ著者の見解としては、大
陸分裂というこれだけのことを成す巨大なエネルギーは現
在の月の軌道位置での潮汐力では不十分であると考えてい
る。
　そこて著者はさらなるエネルギー源として、当時の月の
軌道をコントロールして、さらに大きな潮汐力を生み出し
たのだと考えるに至った。後述する。

月の超接近による潮汐力の激増

　宇宙船としての月はある計画に沿って、地球の外核の液
体鉄の対流を攪拌し、マントルを活性化させ、地殻にひび
を入れ、パンゲア大陸を分裂させる必要性があった。
　そこで著者もマントル対流を活性化し、スーパープルー
ムを発生させる目的のために、どうしたら良いのかを考え
てみた。

一つ大胆な選択肢ではあるが、近地点4万kmの長楕円軌道にまで月を下降させるという手法を考えてみた。これは月が自らの潮汐力で崩壊するロッシュ限界（19,134km）の倍の軌道であり、潮汐力の最大効果を狙ったものだ。これがギリギリ安全の保てる距離と言えよう。その時の潮汐力は想像を絶するものであったろう。

　ここで簡単に推論してみれば、現在の月の潮汐力は太陽の2〜3倍程度であり、これは実は大した量ではない。

　しかしここから今の月の位置の半分まで近づければ、潮汐力は8倍になり、3分の1まで近づけば27倍になり、10分の1の距離まで近づけば1000倍となる。これはもう想像できないほどの恐ろしい数字である。潮汐力は距離の三乗に反比例する項を持っているのでこのような数字になるのだ。

　現在の月の軌道は地球から38万kmであるから、4万kmはその10分の1の距離、つまり1000倍に近い潮汐力が発生するのである。1000倍の潮汐力とは予想の出来ない程の、実に恐ろしい力であり、地球に対して巨大な外力を与える事が出来ることは明白だ。【巻頭図5】

　著者が計画者の立場に立って考えれば、余りに巨大な潮

汐力で有るために、月を何時でもこの軌道から回避できるように長楕円の軌道に設定して、最短地点を少しずつ地球に近づけて、地球の様子を細かに観察しながら調整していった筈だ。

　しかもこれは（自転周期が今と変わらないとすれば）静止衛星軌道（地表から3万6000㎞、地球の中心から4万2400㎞）の距離に近いから月が地表に最接近した時には、地殻、マントル、外核に対して、強い力を一時的に集中させることが出来たはずだ。この時地球表面からは、暫く月が止まって見えたことになる。ただし長楕円軌道を想定しているから、やがて月は動いて、かなり小さく見える所まで離れて行き、しばらくしてまた戻ってくるという繰り返しとなる。
　今の10倍の視直径の月が地球の空を覆い、夜空を照らしていたことを想像するとそれだけで圧倒されそうだ。

　地球が44億年かけて作り上げた地殻はかなり堅く、パンゲア大陸を分割するためには定常的な力ではなく、ダチョウの卵をハンマーで叩くようなパルス的な衝撃力を外から加えなければならなかったのだ。それはつまり月の軌

道を短期間だけ、ロッシュ限界の近くまで近づけたことを意味する。周囲から圧力をかけた卵をハンマーで叩いて、卵の殻を破り、中身を取り出すような吸引力として作用する潮汐力を地殻やマントルに与える適切な距離は4万kmだったと著者は考える。この事で地表面の狙いを定めた一点に対して、スーパープルームを集中させ、地殻に穴を開ける効果はあったはずだ。後述。

　この状態を長く続けることは地球にとって負担が大きすぎることは明らかなので、地殻を破るまでの一瞬、それは恐らくごくごく限られた期間、つまりそれはペルム紀末期の海洋生物の大量絶滅期の初期の時期に一致する時期であった筈だ。

　しかも最短距離4万kmまで近づいたのはさらにその中の、ごくごく一部の期間の数十年という極めて短期間だったのではなかったかと著者は考えている。後述。

システムが安定に作動する距離が今の月の距離

　このようにして月が地球の衛星となった後は、月と地球は一つのシステムとして機能し、現在もそうなのである。

月は最接近後、直ぐに計画された軌道上に戻り、その後何度も月の軌道を調整し、最後に今の軌道で落ち着いた。

　月の軌道調整によって月と地球の相互作用による潮汐力は計画通りに減少しつつ、現状に落ち着いた。

　地球の内部はゆっくりと攪拌され続け、マントル対流は十分な勢いで継続し、現在に至るのである。

　今の月の軌道は自然界であり得ない程の正確な真円軌道であり、視直径は太陽と同じになる特別の位置であった。

　月の潮汐力は外核とマントルには物理的な応力と摩擦力による滑りにより、熱を供給していることになる。今の月の位置は38万㎞でありかなり離れているが、今でもある程度の潮汐力を発生させて、外核にもマントルにもエネルギーを供給していると考えられる。おそらくこれが計画されたものだとすれば、この地球独自の優れた環境維持システムを未来にまで継続させるためには今の月の位置が適切ということなのだろう。

ペルム紀の生物大量絶滅はこうして起こった

　つまり月は一時期地球にかなり接近した時期もあったということになる。著者はこの最も月が地球に近づいた時に激しい地殻変動や津波が発生し、地球上では陸上や海洋生物の大量絶滅時点［Me］が発生したのではないかと考えた。

　次に著者は海洋生物の大量絶滅の時点［Me］の頃からパンゲア大陸は時点［Epre］からマントル内部で分裂（内部分裂）を始め、時点［E］でマントル移動の力が地殻を切り裂き、大陸分裂（外部分裂）し、次に大陸移動を開始したと考える。時点［A］から時点［D］を通して時点［E］に至る約7000万年の間にいったい何があったのかをさらに推論してみたい。

海洋生物の大量絶滅。時点［Me］

　［❶］ペルム紀後期に海洋生物の大量絶滅は月の潮汐力が原因で起こった。

　前述の通り古生代の最後の期、即ちペルム紀の終わり

P-T境界（時代を分ける指標）直前の2億5100万年前〜2億5200万年前までのごく限定された短い期間（20〜100万年間）に生物の大量絶滅が発生した。この時海の生物の95％以上、陸の生物の80〜90％以上の種が突然絶滅したと言われている。これは何かもの凄いことが起こったのだ。そこでは何か想定できない事態が全地球的に発生したのだ。

　そこで潮汐力効果論の登場である。

　この立場から、月の潮汐力がペルム紀後期の海洋生物の大量絶滅に直接関係していると考えるのである。

　潮汐力効果論に立てば、時点［Me］における生物の大量絶滅は月が地球にやってきて、その後の一時期、地球に極めて接近したことが直接の原因である。その巨大な潮汐力で地震や火山の爆発も発生しただろう。しかし何よりも最大の原因は、海水は巨大な津波となってあふれだし、海と地上の生物を飲み込んだ。それが100年も続けば海も陸も殆どの生物は絶滅することになる。

　丁度この時機は月が地球に到達した後、軌道を調整して目的の地球最接近軌道に入った時期と仮定すれば、その後

の海洋生物の大量絶滅との因果関係が十分に説明できそうである。

　ただし今回はペルム紀の海洋生物の大量絶滅を論ずることが主たる目的ではないので、月と大量絶滅との詳しい因果関係については簡単に述べるに留めておくことにする。後述。

　さてここまでの議論はある意味画竜点睛を欠いている。月が宇宙船であるならば、その宇宙船を作った人がいたはずである。それを一切語らずに、この先の議論を進めるわけにはいかないだろう。後半はここをはっきりさせる。

考察❷ 知的生命体による 地球のテラフォーミング

　今、2億6700万年前のことを話そうとしているのであるが、人類の歴史がたかだか40万年なのだから、なかなか現実感が無いという人が多いと思う。

　しかし地球の歴史が46億年ということからして、さらには宇宙の歴史が138億年として、アヌンナキに限らず宇宙人は何十億年も前から沢山存在していたと考えるべきである。そしてその一部の宇宙人が地球を訪れたとしても何の矛盾もない。

知的生命体（X）の目的とは

「月・宇宙船説」を補強するもう一つの事柄として、地球担当の知的生命体、即ち知的生命体（X）による「地球のテラフォーミング」を取り上げたい。テラフォーミングとは人間が住めない環境の惑星を人間が住める環境の惑星に

作り替えることを言う。参考までに言えば人類は今、火星に於いてテラフォーミングをしようとしている。

　つまり当時の地球は人間が住めない環境だったために、知的生命体（X）はその地球を作り替えて、人間が住めるように改造したという壮大な話なのだ。

　言い換えれば、それがなければ我々人類は今、存在しなかったということにもなる。

[❹] 知的生命体（X）の壮大な計画

　月が宇宙船であれば、当然それを作った知的生命体（X）が居て、月を連れて地球に来たことになる。つまり「月・宇宙船説」は知的生命体（X）の存在無しには成り立たない。

　月を地球に連れてきた宇宙人としてはその後アヌンナキにつながる知的生命体（X）とするのが適切である。そこで以降は知的生命体（X）をアヌンナキとして話を続ける。宇宙文明的に、地球から見た時にも、そして遺伝子的にも、我々の認識としても、知的生命体（X）とアヌンナキとはかなり重なる存在なので、必要な時を除いて同一として扱うことにする。

時代は一気に現代に近づくのだが、アヌンナキはシュメール文明を築いた「神」として粘土板に記録が残されている。ゼカリア・シッチンによれば、その粘土版の記録を読み解いて、アヌンナキの地球来訪の目的を明らかにした。それによれば、アヌンナキは自らの母星「ニビル」が大気汚染等で危機に陥り、母星修復のために金の採掘を目的として地球にやって来た。とある。

　この説を参考にすれば、地球に於いて「金」の採掘をするまでには、それ以前から十分な計画を立て、周到な準備をし、時間を掛けて実行したに違いない。本論はそのことに密接に関連してくる。以下に古代の地球の出来事を検証し、アヌンナキのテラフォーミングに繋がる道筋を分かりやすく以下に示したい。

リンダ・ハウの調査

　[❺] アメリカのUFO研究者でジャーナリストのリンダ・ハウは「今から2億7000万年前頃の時点 [LH] に宇宙人の沢山の集団が地球にやってきて、地球の環境を変え生物の遺伝子を収集していった」と発表している。

　リンダ・ハウはこの情報をアメリカ政府の高官から秘密

裏に聞いたと言っている。アメリカ政府は既にこのような事実を掴んでいるということなのだ。

　正にその時期は「月が地球に到達したと思われるペルム紀中期」そのものである。

　約2億7000万年前に、月に乗ってやってきた宇宙人が地球での遺伝子採取をしたことがこのストーリーにピッタリ当てはまる。この時点［A］こそ前述した地磁気逆転が発生しだした時期と一致するのである。

　そこでこの［地点LH］と時点［A］には300万年の差があるのだが、誤差の範囲として、月が到達した時点［P］と合致するのだ。そう考えることはきわめて適切で合理的である。

　確かに月を宇宙船としてならば、沢山の宇宙人が地球を訪れることが可能である。

「月」の地球来訪の目的

🌓「金」の採掘

　想像たくましく、月の地球到来を検討する。ここはもう創造力に頼って、心に浮かんでくるままを書いてみようと思う。

　ただし最終の目的は、上記❶、❷、❸、❹、❺により、点と線を繋いで、月の地球来訪の時期をさらに絞り込んで、2億7000万年前という時代の確度を高めることにある。

　以下のようなアヌンナキの歴史が想定される。

　アヌンナキは高度な科学技術を持つ宇宙人、即ち地球外知的生命体であり、何億年或いは何十億年にも亘って宇宙を舞台に生きている。当然その中では母星の危機や前進基地の危機も何度も体験していると思われる。アヌンナキは宇宙空間を開拓し、新たな新天地を求める探索をしていて、その途中に地球を訪れたとしても特に不思議なことではない。

　彼らが欲する「金」等の重金属は科学技術を駆使した機器の材料として、宇宙船の材料として、さらにはゼカリア・シッチンが語るように痛んだ惑星の修復のために、或いは電子機器の材料として、それを地球に求めたことは十分有り得ることだと言えよう。

　一般に「金」などの重金属は地殻の下にあり、地表の地殻には存在しないので、他の惑星では中々手に入らないのだ。

　そこで彼らが必要とする「金」を採掘できるように、地球をテラフォーミングし、「潮汐力ダイナミックス」により、重金属を含むマントルの一部を地表にまで移動させて、採掘しようとしたと著者は考えた。しかしながら彼らの目的は決してこれだけではないことが次第に見えてくる。

地球のテラフォーミングの実際

マントル対流とスーパープルーム

　以下、月を連れてきたのがアヌンナキであるとの前提で話を進めよう。

　アヌンナキはかねてからの計画に沿って、重金属を効率よく大量に取り出すために、地球の外核の近くにある重金属を含んだマントルを地球を取り巻く地殻を破って、地表近くにまで引き上げるという壮大な計画をたてた。

　そのために先ず潮汐力によりマントル亀裂（内部分裂）を作り、それによってマントル対流を発生させ、重金属を含んだマントルを地表近くまで移動させる必要があった。そしてマントル対流から激しく吹き上がる高熱のマントル流であるスーパープルームを発生させ、マントルの一部を地殻を破って地表にまで到達させようとした。即ち局所的にスーパープルームを発生させ、地殻を破るような大きなマントル流を発生させたと考えられる。これが大陸分裂（外部分裂）につながったのだ。

　その為には先ず地球の最下部から巨大な力でかき回す必

要があった。つまりまさにアヌンナキは月による潮汐力を有効に使ったのである。壮大な計画である。

テラフォーミングのために月の潮汐力を最大限利用する

　ここでアヌンナキの身になって、技術的な観点から考察すれば、彼らは時点［P］で、長楕円の地球周回軌道に入ってきて、次第に地球に近づいてきた。何しろ月の質量は巨大なので、数百万年という時間をかけて、その軌道を少しずつ地球に寄せてきた。

　最初の彼らの目標は大陸を分裂させて、地球深部の重金属を地表に移動させ、それを地表で採取する事である。そのためには先ず慎重に地球に近づけてきた月を長楕円軌道上に進入させ、地球から遠い軌道から次第に地球に近づけて行った。月の軌道を地球への最短点を可能な限り地表に接近させることで潮汐力を強めつつ、マントル亀裂（一次破壊）を作り、次にパンゲア大陸を分裂（二次破壊）させる限界距離にまで到達したのである。

　その時期がペルム紀後期の海洋生物の大量絶滅の時期であるとは既に述べた通りである。この期を境に地球はマントル対流が大陸分裂させ、次に移動させ、火山を爆発させ

るというように、活性化された惑星に生まれ変わったのである。

　彼らは、外核とマントルに強い外力を与えて攪拌したことで、つまり心臓マッサージの如く外核に圧縮・吸引の力を加えてスーパープルームの核となる熱塊を発生させ、それを確認した。その後は地球の持つ内部のマントル対流の力で地殻の破壊限界閾値（いきち）を超えるように設定し、強いマントル対流を継続していけると判断した。
　月の軌道を地球に最接近させる計画は成功し、その結果大陸は分裂し、その後移動を始め、地殻の割れ目からはマントルが顔を出し、重金属類は地表に出現し、採取は大成功したのである。後述。

◉アヌンナキによる地球環境改造

　時点［E］で、こうして地球の大陸分裂（二次破壊）に成功した。大陸分裂の初期時点［Epre］は一次破壊から数千万年間かけてのマントル対流の強化と地殻の破壊分裂であるから、それは月が地球にやってきて軌道を地球に最接近させた時点［Cmax］から既に始まっていたと考えら

れる。

　ここで彼らの計画は一段落したが、大気の組成と気候を自分たちに都合良く作りかえなければならなかった。これは気温や植物の分布などの微妙な調整が必要であり、これには全地球的に生態系そのものに改良を加えなければならないので、かなり時間が掛かったと想像できる。

　大気の循環と生物分布を整えることで、後は自然の循環に任せて、環境が整うまで、いっとき地球を去ることになった。

　その後彼らの多くは他の惑星に移住し、そちらのテラフォーミングにも係わった。地球以外にも計画は有ったのだ。

　その理由を彼らの気持ちになって考えてみれば、地球は彼らの母星と重力も違うだろうし、大気組成も違っていて、それに順応しなければならなかった。もちろんそれらの事は来る前から分かっていたことだが、実際に地球に住んでみるといろいろ問題が出てきた。全ての住民が訓練を受けて、生命維持装置を着たまま地球に移住するというのは現実的ではないと判断するに至った。そこで直接移住することは中止し、新たな計画として今後時間を掛けて、地球の

重力の中で哺乳類にまで進化させた肉体に自らの遺伝子と精神性を移植するという究極の道を選択した。

　その進化のためのプロセスに移行した。そこで彼らの本隊を一旦他の惑星に移住した。一部は調査研究のために地球に残り、基地を作り、現場での実験のための研究所を地球に置いた。さらに一部は月に残した。

　さらにこれまでの地球上の彼らの活動の痕跡を全て消し去ることにした。
　そのために現代に殆ど痕跡は残っていないのだが、彼らがその後の2億年以上もの間、何もしないでいた筈はないのだ。彼らはもちろん、次の段階のテラフォーミングのために、地球の基地でさまざまな実験と研究をしていたのである。

　マントル対流が地殻を破って重金属が露出するまでの期間として、最低1000万年を想定した。
　彼らは時々調査のために地球に降りてきたが、1000万年経った頃の詳細な現地調査ではマントル対流は他の惑星には比較にならないほど強力に維持されていた。マント

ルの一部は「金」などの重金属が地表まで出てきていた。
その結果を受けて、彼らは次の採掘の為の計画を立てて、
さらにテラフォーミングを進めたのである。

　調査隊は何度か地球に設置した研究所を訪れて、テラ
フォーミングの状況を確認した。
　そこでは大々的な遺伝子組み換えの研究がなされていた。
アヌンナキが持っている他の惑星の生物の遺伝子コレク
ションを使って、は虫類との混合種を開発したりもした。
そして重金属の採掘は何度か試掘がなされて、目的の地に
運搬されていた。

知的生命体は宇宙の中に数え切れないほど発生している

　何しろ長く見ても40万年が人類の歴史なのだから、1
億年前とか2億年前には今の人類は存在していない。他の
人類がこの地球にも住んでいたという事なのだと思う。に
わかには信じられないことだ。

　過去にどれ程の知的生命体が発生していたとしても、何
もおかしくはない。そして現在も、宇宙には知的生命体が

満ち満ちているのだ。それだけ宇宙は広いのだ。

　もしこの我々の銀河系に我々人類しか知的生命体が存在しないとした最低の確率で計算しても、全宇宙では2000億個の銀河があるのだから、2000億種の知的生命体が存在することになる。人類の歴史はせいぜい10万年とすれば我々は生まれたてのほやほやの知的生命体と言えそうだ。

　実際は数十種の知的生命体が過去の地球を何度も訪れていることからして、地球の近くにも、多くの知的生命体は存在しているのだ。

　知的生命体はやがて、自らの遺伝子を操作することが出来るまでに進化するだろうから、母星となる惑星が消滅しても、その惑星から飛び立ち、他の惑星を探して移り住んだり、或いは宇宙空間に住むようになり、真の宇宙人となるのである。

　こうしてみると地球人など全くもって新参者なのだ。

　ここで誤解してならないのは、地球で初めての人類が我々人類なのだなどとは決して考えてはならない。100万年もあれば原始的な動物から人類にまで進化することができる。もちろんその進化には他の知的生命体の遺伝子操

作という関与が有ったとしてである。

【巻頭図2】で見れば分かるように100万年など一瞬の出来事である。年代表の中に埋もれてよく見えないくらいの時間でしかない。その時間でいくつかの人類が生まれては、そして大災害で地上から消えていったのである。そして宇宙に逃れたのかも知れない。

地球に再びペルム紀後期のような大量絶滅が発生すれば、人類の殆どは消滅するだろう。6600万年前、直径数十キロの隕石落下で恐竜が絶滅したが、同時に他の多くの生物も死滅した。

当然同様な隕石落下は今後100%の確実で起こることなのだ。その時大多数の人類は消滅するが、残った人達だけで文明を再構築するのに又数千年はかかることになるだろう。今分かっている危険な小惑星は直径500mの「ヴェニュー」である。100年後に地球に最接近した後、軌道がずれて2175年から2196年に地球衝突の可能性があるとのことだ。確率は2700分の1というから、まあ「万が一」に近い。

あるグループの人達は、その様な大災害が発生することを前提として、人類の種を残すことを目的として地球脱出

の準備をしている。一般人とは甚だしい情報と知識の乖離が、そこにはあるのだ。我々一般人としては、情報の乖離が有ることを正しく知っておくべきだ。

　知的生命体が地球に来訪した証拠は沢山ある。その第一に挙げたいのがボリビア、プマプンクの古代遺跡である。それを見た研究者達の多くは度肝を抜かれる。現代の技術でも不可能な詳細に切り込まれ加工された石のブロックがその辺一帯にゴロゴロ置いてある。用途不明だが、これを見て地球人が作ったという人はいない。

　人類発祥以前の過去にも地球に知的生命体が住んでいただなんて、信じられないと言う人がいるかも知れないが、その痕跡は有るのである。
　アメリカ・テキサス州・グレンローズで、1億年以上前の地層から木のグリップがついた鉄のハンマーが発見された。木の部分は既に炭化し、一部は化石化していたのだ。数千万年では決して石化しない。そして鉄の成分を分析してみると炭素は一切検出されなかったのだ。それは地球で製鉄された鉄ではないことを示している。
　地球の場合には製鉄の過程でどうしても微量の炭素が

残ってしまうのだ。二カ所の研究施設で年代の特定をしたところ、どちらも1億4000万年前という結果であった。

　アヌンナキは生物環境にも積極的に関わり続けた。1億5000万年前頃には彼らの計画通り、哺乳類もかなり進化していた。

　次の段階として、は虫類を母体としてではなく、哺乳類を母体として、彼らと同一の哺乳類型人類の遺伝形質を持つ類人猿も作り出し、それを人類にまで改造しようとしていた。これはもう目の前の40万年前のことである。
　そして数万年前には、アヌンナキは今の人類を創り上げて、進化した地球人にアヌンナキの未来をも重ね合わせて、精神性の移住を計画して、宇宙の未来を作ろうとしていたのだ。これは宇宙の歴史にとっても極めて意義深い「精神性の移住」であり、高度なテラフォーミングであるのだ。言い換えればこれは魂の移住と言えるモノである。
　この「精神性の移住」という究極の姿を我々が怖れる必要はない。それは我々地球の人類から見ても人類としての究極の姿でもあり、宇宙の共通意識に到達することで実現するのである。それを実現する宇宙意識こそ今求められて

いるのだ。（宇宙意識については「未完成だった般若心経」
（献文舎）を参照のこと。）

　今私たち人類は、彼らによるテラフォーミングの結果の
中に安全に生きていて、各種重金属を採掘し、それを利用
して産業を発達させていることになる。これはもちろんア
ヌンナキの目的にかなうことである。

　アヌンナキによる地球のテラフォーミングは巨大パンゲ
ア大陸の分裂が及ぼす様々な生物学的影響についても十分
検討し、地表の生物の遺伝子を前もって採取し、予想され
る大量絶滅に備えたのだ。月が地球に到達して、直後のこ
とと考えられる。

　それが［❺］リンダ・ハウの調査によると2億7000万
年前頃に宇宙人による地上生物の遺伝子採取に繋がる。ア
ヌンナキはこの時ノアの箱舟の様なことをやっているので
ある。後述。

生物の遺伝子サンプリング

　当然アヌンナキは生物の大量絶滅を予想し、或いは計画

し、月の地球軌道進入と同時に地球に入り、計画に沿って生物の遺伝子のサンプリングを終えていたことになる。

　だから大量絶滅で消滅した種の遺伝子はアヌンナキが採取して、何処かに保存してあるということになる。

　アヌンナキは地球の生物の進化に対して積極的に関与したのだ。大量絶滅後に、採取した遺伝子をそのまま地球に戻すのではなく、明確な方針を持って遺伝子改良して新たな種として地球に戻したのだ。つまり最終的な人類の姿をイメージしていたのだ。

　それはこの大量絶滅以前の時代は哺乳類はまだいなかったのだ。彼らの方針に沿って大量絶滅後の地球に、保存していた地球の生物の遺伝子から遺伝子技術によって哺乳類を発生させたのである。それは彼らの方針に沿って、彼らと同じ哺乳類型人類を生み出す必要があったからである。ここにアヌンナキの意志が現れているのだろう。

時点［P］の絞り込み

　この著者の説によれば、古生代ペルム紀の生物大量絶滅も、パンゲア大陸の分裂（二次破壊）と移動も、2億6700万年前に、月が地球に来たことに原因があった事

になる。

　本論は月到着を意味する時点［Ｐ］を地磁気逆転が頻発しだした2億6700万年前時点［Ａ］に絞り込んだ。後述。
【巻頭図3】

　何にも増して本論の特徴は太陽系の惑星に於いて、地球以外の惑星にはプレートテクトニクス論は通用しないという事実を背景に持つことなのだ。つまり地球以外の惑星には地球のような強いマントル対流も、従って大陸の衝突も分裂も移動もないということなのだ。

　プレートテクトニクス論によってどんなにうまく説明して見せても、他の惑星には存在しないとするなら、それは地球の特殊性であり、地球のみの特殊な現象として扱うことになる。それ故に「月・宇宙船説」が大きな意味を持つのだ。

突然発生した地磁気の逆転現象

　著者はこの地磁気逆転が頻繁に起きた時点［Ａ］こそ、月が直接地球に強い影響を与え始めた時期、即ち月の地球到来の時期ではないかと想定し、ここを時点［Ｐ］とした。

　月の影響でマントルが実際に動き出し、地殻に影響が出るまでは最低でも数百万年から1000万年の時間が必要であると思われるが、月による潮汐力が外核の液体の鉄に影響を与えるのは一瞬である。月の潮汐力は液体の鉄を心臓マッサージの如く、圧迫と吸引の力で攪拌することで、直ちに電流の変化が現れ、それが地磁気の変化として、瞬時に反応する。さらに潮汐力が海水を山脈の如くに持ち上げ、巨大津波となって地表を埋め尽くすまで数時間しか必要としない。

　岩石の記録から読み取れることは、ペルム紀中期（2億6700万年前）から地磁気逆転が突然頻繁に発生しはじめていたという事実だ。
　順番からして、最初に月の到来があり、直ぐに地磁気逆転が頻発し、その後にパンゲア大陸の分裂時点［Epre］が起こる。これで矛盾は無い。
　40億年以上安定していた地磁気はペルム紀中期（2億6700万年前）以降に、突然不安定化し、以後地磁気の逆転を数百回以上も繰り返してきた。地磁気逆転はそれが始まるまで、1000万年以上発生していない。ここでの地磁気の逆転こそ月の地球到来を直接示していると著者が

考えている。

　ここから始まるマントル対流の強化や頻発する地磁気の
逆転現象はこれまで10億年単位で長く続いた静的な地磁
気現象とは、別次元に移行したものと考えられる。

　月が地球にやってきた事により、強い潮汐力が発生した
ことが原因で、地球の外からエネルギーが供給され、外核
内の対流が攪拌され、地磁気逆転を頻発させ、次第にマン
トル内の対流を活性化させていった。との考えを補強して
いる。

地磁気発生と地磁気逆転のメカニズム

　いよいよ難しそうな「③地磁気逆転」について語らなければならない。

　実は驚いたことに、調査してみると地磁気の発生と地磁気逆転のメカニズムは未だ解明されていないことが分かった。しかし地磁気発生と地磁気逆転のメカニズムの概略に関しては著者なりのイメージをずっと持って来ていたので、それを以下に整理しながら解説してみたいと思う。

　○地球の大まかな四層構造は【巻頭図４】に示すように地表の地殻、マントル、外核、内核である。地殻の下はマントルがありゆっくり対流している。その下には超高温高圧（4000度・120万気圧）から成る液体の鉄からなる外核があり、さらにその下の地球の中心部は個体金属からなる超高温高圧（6000度・135万気圧以上）の内核とからなる。マントルと外核との境界領域と、外核と内核の範囲で、電離した液体の鉄と自由電子の振る舞いが地磁気を生み出していると考えられている。

🌐 地磁気発生のメカニズム

○外核の液体の鉄は電離していてプラス電荷を持っている。これが地球の自転に引き摺られて、さらにコレオリの力が加わって、部分的に対流しながら渦流を作り、全体としては地球と共に自転している。

　ここでのコレオリの力の作用とは、大気現象として低気圧と高気圧が発生するのと同じ原理である。ここで注意すべきは低気圧の渦は大気全体の中の一部分の回転であり、［主たる回転運動］としては大気全体が地球の自転と共に、反時計回りに回転している回転運動であるということだ。ここで正しくは赤道上では音速を超えて大気が回転しているのであり、それは地球の外側の静止座標系からの視点で議論しなければならないということを意味するのだ。地磁気の議論に於いて、この視点を忘れてはいけない。

○プラス電荷を持つ液体の鉄（Fe）の分子はほぼイオン化した原子の状態である。しかしこれは外核に限定して存在しているので、体積当たりの荷電密度は（自由電子に比較して）高くなる。この電離によってイオン化し

た液体鉄分子を以下［（＋）Fe］と表記することにする。これに対して対となって発生したマイナス電荷を持つ自由電子を［（−）e］と表記する。

○原理として電荷を持つ粒子が移動すれば、電流を発生し、磁場を作る。一方地磁気の強さから逆算した外核内の電流は20億アンペアとの事である。

　ところで地球の自転運動によって発生する［（＋）Fe］による流速は秒速100〜300m／s程度であり、この数値は［（＋）Fe］の流速がきわめて遅いことを意味していて、従って発生する電流も微弱である。ただし電流の伝達速度は電荷の移動速度ではなく、電場の変化の移動速度なので、電流は常に光速に近い速さで流れている。

　一方で外核の体積が巨大なので、この微弱な電流も外核の体積との積を取れば十分な大きさとなり、20億アンペア程度の電流は十分に発生していると思われる。この原理は以下に出てくる電子の運動についても同様である。

　つまり［（＋）Fe］の自転から生まれる電流が地磁気

の一次的要素であり、対流や渦流は二次的要素であるということだ。

○一方液体の鉄が電離した結果、マイナス電荷を持つ自由電子はプラズマに近い状態で、マントルと外核との境界域から、内核の中心部までと、ほぼ全域に拡散して分布している。広く拡散したことで［（＋）Fe］に比べて体積当たりの電荷密度は低くなる。［（＋）Fe］に対して、この自由電子を［（－）e］と表記する。

○［（＋）Fe］が外核内を地球の自転に引きづられて回転運動をすることで、電流を生み出し、その結果、磁場を生み出す。これが［一次的要素］による磁場である。
　さらに外核内を部分的に見れば、コレオリの力により渦流が生じ、右回転と左回転の電流を作り出し、それぞれが反対方向の磁場を作り出す。これが［二次的要素］による磁場である。

○一方［（＋）Fe］が地球の自転による強い力学的拘束を受けているのに対して、自由電子［（－）e］は外核内だけではなく、固体金属の内核内をも自由に動き回り、

拡散している。外核内側の［（－）e］は地球の自転による力学的拘束を受けない。つまり地球の自転の直接の影響を受けない。そして外核外側の［（－）e］はマントルとの境界で運動エネルギーを失い、マントルに捉えられ、マントルと外核との間の薄い層に閉じ込められ、その層は地球と共に自転する。ただし電子流は層に縛られずにマントルとの境界層全体を自由に流れて巨大電流を作る。

○これらの二種類の荷電粒子（［（＋）Fe］と［（－）e］）がそれぞれ右回転と左回転の二種類の回転方向、即ち［R］と［L］をすることで、電流が流れ、それぞれ二種類の磁場を発生させる。
　この状態は以下の四種類で、これ以外は無いモノとする。
　【a-状態】：［（＋）Fe］［R］　⇒プラス鉄イオンの右回転による磁界
　【b-状態】：［（＋）Fe］［L］　⇒プラス鉄イオンの左回転による磁界
　【c-状態】：［（－）e］［R］　⇒自由電子の右回転による磁界

【d-状態】：［（－）e］［L］　⇒自由電子の左回転による磁界

　以上の四種類で全ての状態を表すことが出来るとする。

　これらをベクトル合成したものが地磁気である。

○地磁気のそもそもの一次的原因は力学的な地球の自転が、［（＋）Fe］を強制的に右回転させる【a-状態】から始まっているのだった。

　この最初の主原因【a-状態】によって［（＋）Fe］が作る磁場が発生し、それに対してはローレンツ力が作用して、主として【c-状態】による逆向きの磁場を発生させることになる。

　ここで【b-状態】と【d-状態】は付随的要因であり、主原因にはならないと考えた。

○自由電子［（－）e］は液体鉄が電離している限り［（＋）Fe］と中和することはないので、両者は一定の電位差（すべり電位）を保って安定する。これが「第一の安定状態」である。

○現在は地理学的北極の方向に地磁気の［S極］がある

ので、自転の方向に回転する［(＋) Fe］が作る電流が
作る磁場が優勢に働いていると言えるのだ。フレミング
右ネジの法則である。つまり今は「第一の安定状態」に
あると考えられる。

🌏 地磁気逆転のメカニズム

○ところでこの第一の安定状態においても［(－) e］
の振る舞いに対しては複数有る状態の一つに過ぎない。
そこで第一の安定状態が崩れて、地磁気逆転が起こる一
例を【abcd状態モデル】として以下に想定してみる。

1) ［(＋) Fe］の存在範囲は外核内に限定されるので、
   単位空間あたりの電荷量、即ち電荷密度は高い状態
   で、ほぼ一定に保たれているが、攪乱や外力によっ
   て発生した渦流などの［(＋) Fe］の一部は不安定
   でしばしば［L］磁場を発生させる。
2) 一方［(－) e］は外核内はもちろん、マントル下
   部層から内核の中心部まで、広範囲に存在できるの
   で、平均すれば電荷密度は［(＋) Fe］より低くな
   る。

3）さらに［（−）e］の一部はマントルとの境界から
　マントルに入り込んだ薄い層の部分に局所的に閉じ
　込められ、地球の自転と共に回転し、［R］磁場を
　作ることができる。

4）特にこのマントル境界付近の［（−）e］の振る舞
　いは不安定で、マントルとの境界領域に閉じこめら
　れた［（−）e］が増加して、地球と共に自転する
　時［（−）e］［L］の電荷密度と体積と自転速度の
　積が［（＋）Fe］［R］の絶対値を超えることがある。
　つまり［（−）e］［L］の勢力がある閾値を超えた
　時に、地磁気逆転が起こる条件が整う。

5）このような条件が重なり【b-状態】：［（＋）Fe］
　［L］、【d-状態】：［（−）e］［L］、の発生磁場量が
　【a-状態】：［（＋）Fe］［R］、【c-状態】：［（−）e］
　［R］、の発生磁場量を超えた時、地磁気逆転が起こ
　る。

○第一の安定状態にある時、［（＋）Fe］の作る電流と
磁場は安定している。

　しかし潮汐力により、いくつかの条件が重なることで
［（＋）Fe］と［（−）e］のバランスが変化し、カタス

トロフィー的に大きくバランスが乱される瞬間がある。

　この時でも［（＋）Fe］の磁場が大きく変化することは無いが、［（－）e］の自由な振る舞いのために［（－）e］がカタストロフィー的に大きく変化する時がある。

　この時外核全体の電磁気学的バランスが崩れ、次の安定状態を求めて、外核内及びその周辺の内核、マントルとの境界領域を含めた［（－）e］の電磁気学的状態が大きく変化する瞬間が生まれる。

　［（－）e］が作る磁場の取り得る状態は無数にあることから［（－）e］が［（＋）Fe］よりも優勢な磁場を作ることが出来るのだ。この状態を「第二の安定状態」と呼称する。【巻頭図６】

　［（－）e］の自由な振る舞いが常に不安定を招き、外乱に反応しやすくなり、地磁気逆転を引き起こしやすくしている。

〇報告によれば、南大西洋磁気異常帯ではバンアレン帯が非対称となり、磁気が弱くなっていて、宇宙からの粒子線が強くなり、上空を通る人工衛星に不具合が生じているとのことだ。

　おそらくこれは外核は球体であっても、この地帯のマ

ントルと外核の境界層での［（－）e］の分布が局所的に非対称となり、［（－）e］が局在する層が発達していることによると思われる。これは［（－）e］の自由な振る舞いが現状の地磁気の極と反対に作用して、この地域の地磁気を弱めているものと思われる。これが大きくなれば地磁気逆転が起こる条件となり得るのだ。

○ただし地磁気逆転が生じても、磁場発生が無くなる事ではなく［（－）e］の分布が大きく変動するだけで、巨大な［（＋）Fe］の作る磁場は大局的には変わらない。

　上記の【abcd状態モデル】が有効であることを実験的に確認できれば、将来地磁気逆転が有っても、それは一瞬（それでも数分程度）で済むだろう。地磁気逆転に伴う一時的な磁場消失によって、宇宙放射が地上に降り注いで、生物を危機に陥れるという大方の心配は必要ないということになる。

考察❸ アヌンナキの主旨にそって　解釈しよう

🌓 アヌンナキは何故そこまでのことをしたのか

　アヌンナキによるテラフォーミングは地球が将来的に宇宙に満ちあふれる多くの種類の人類が交流し、活動する惑星として適していると判断したことにある。

　他の惑星と地球を比較してみれば、地球は生命の芽にあふれていて、この地球を宇宙人たちの将来のパラダイスにできると考えたから、と言えるのだ。

　地球だけが強い地磁気を持っていて、それを今でも保っている。そしてバンアレン帯で太陽からの高エネルギー粒子を遮る盾を持っているのは、決して偶然ではないのである。生命を維持し、宇宙放射から身を守るためには、最優先にバンアレン帯が必要だったのであった。そしてそれを現在まで維持するためには強い地磁気の維持と、外核の攪拌が時々必要だったのである。今でも月の潮汐力は地球の外核とマントルを繰り返し攪拌しているが、それは地球に

熱エネルギーを供給していることを意味する。月の潮汐力はこのエネルギーを補充してくれていると言えるのだ。

　46億年の地球の歴史に於いて、時点［P］の2億6700万年前から地磁気逆転が頻繁に生じるようになったのは確かである。そしてこの時期がリンダ・ハウによる宇宙人の集団による地球到来と、そこでの遺伝子採取の時期時点［LH］に繋がるのだ。まさにそれが新しく登場した月の登場と合致するのだ。

月の地球到着以降の出来事

　地磁気逆転が始まったことと月の地球到着は密接な関連が有るのである。
（https://natgeo.nikkeibp.co.jp/atcl/news/19/100400573/?P=3）
　パンゲア大陸の誕生時点［B］までは、それまで緩慢に継続してきた複数の大陸の移動が、この時期に衝突したのだ。たまたま月が到来したから大陸が衝突したのではない。そのような状況を分析し、予測して、この時期を選んで、地球移転計画がなされたのである。

それまでは弱いマントル対流だったが、この2億6700万年前から月の地球周回軌道へ進入した時期から数百万年も過ぎると、大規模なマントル対流が生まれ、その後次第に、マントル対流は大きくなっていった。

　まさにその時、時点［A］（2億6700万年前）から地磁気の異常を伴ってマントル対流は成長していった。月の潮汐力は地球の内部を攪拌したのだ。この攪拌の結果、最初の地磁気逆転という現象が岩石に記録されたのだ。

🌓 月の軌道の調整

　［地点A］が［地点P］であったとして、この2億6700万年前から、ペルム紀後期の時点［Me］2億5200万年の海洋生物の大量絶滅までは、1500万年くらいの時間があるので、月は地球に到着後、初期の数百万年の期間に大きな楕円軌道のまま、少しずつ地球に近づくように軌道を調整していった。そしてある時点で一気に軌道を下げていったのである。この時かなり強い潮汐力を一時的に作用させたのだ。後述。

　軌道を低く取った月の巨大な潮汐力によって、地球に大きな衝撃を与えることで強いマントル対流を生み出し、後

の大陸分裂（二次破壊）のきっかけを作ることが出来たのである。

　月はさらに大きく軌道を下げて、ロッシュ限界に近い距離に近づいた。これは最後のインパクトを地球に与えて地殻の一部を破壊するまでに至った。山脈のような津波が地表を覆い、生物の大絶滅が発生したのはこの時である。

　ここが最接近点で地球の変化の様子を観察しながら、その後次第に軌道を上げ、今の軌道に調整したのだ。実に見事な制御技術である。

　月に意志があって月が勝手に動いたのではなく、月をコントロールするアヌンナキの意志によってそれがなされたことは言うまでも無い。

　当然のことだがアヌンナキによる地球のテラフォーミングは我々にとって良い環境を生み出した。もし月が無ければ、つまりプレートが移動しなければ、それは即ちマントル対流が無ければ、対流は極めて少なく、地表は長い時間、今より冷えた状態が続いたのかも知れない。

重金属を地表近くに浮き上がらせた

　月の潮汐力は、地球到着後直ちに、地球の内部を大きく攪拌し、地磁気逆転という地磁気異常を起こし、それが岩石に記録されたことは、今から調査しようとする我々にとっては実に幸運であった。

　その後6000万年かけて［地点B］に至るまでに、月の軌道を降下して、潮汐力を最大にして、地殻に亀裂を作った。そして大規模なマントル対流を引き起こし、スーパープルームを起こし、さらに数千万年かけて、プレートの移動とそれによる火山活動を誘発して、重金属を地表近くに移動させた。

　アヌンナキは重金属を採取できるように成った頃を見計らい、今から数万年前に或る集団が地球に移住し、採掘に当たったことになる。シュメール文明の初期である。

　そしてその採掘の労働力を確保するために、それも計画通りに40万年前から類人猿に遺伝子操作をして、人類発生の準備をし、やがて計画通り人類を創り、遺伝子操作によって人類を進化させたことになる。ゼカリア・シッチンの説は、月の働きを除いてほぼそのまま当てはまる。

一方、重金属は内核にも蓄積していく

　[（＋）Fe］は外核とマントルとの境界層において冷やされて、不活性化した自由電子を受け取り、固体鉄に戻る。或いは他の金属と触れることで結合し、一部は合金化する。

　それらがマントル対流に乗って地上まで運ばれる一方で、液体鉄より比重の大きな金属や合金は、外核の中をさらに落ちていって、内核の一部となる。

　内核はこうして出来た固体の金属の結晶体であろう。

アヌンナキの巨大プロジェクト

　月が宇宙船であるとするならば、ペルム紀以降の地球の歴史を単に物理現象としてだけ捉えていると、本質を見失うことになる。この時期以降の地球の歴史はアヌンナキの計画の中で捉えなければならないのだ。アヌンナキの主旨を明確にして、いったい何のために地球に係わったのかを書いてみたい。

　月が宇宙船であることから考えれば、その強い潮汐力を合目的的に考える必要がある。

　アヌンナキが強い地磁気によってバンアレン帯を作るこ

とで、地球上の生命を、強い宇宙放射や、太陽からの荷電粒子のシャワーから守ることが目的だったと考えられる。そのためには、この地磁気を未来においても確保しなければならないと考えることは、極めて合理的な判断であると言えるのだ。

そこにはアヌンナキの意思が反映していることを見失ってはいけない。まず最初にアヌンナキはどのような意図と目的を持って、地球のテラフォーミングを計画したのか。

それはプロジェクトとしてみても相当大がかりなものであり、自分たちの命運を賭けた巨大プロジェクトであったのだ。到底一時的な好奇心だけで出来ることではない。

アヌンナキは彼らの社会の強い同意を受けて、彼らの未来を託されて地球に到来したと考えなければならない。

彼らは宇宙を調査する中で、太陽系第三惑星に強い関心を示した。この地球には彼らの社会が期待し、自分たちの遠い将来に対して大きな可能性を感じたことだろう。

彼らの調査隊の報告によれば、この地は豊かで、生命の進化の舞台として極めて適した場に改良できるとの結論に至った。一方で自分たちの惑星は既に誕生して100億年

近くなり、末期に近づいていることは明らかであった。

　そこでアヌンナキは宇宙人のグループの連盟に働きかけて大計画を創り上げた。

　彼らの惑星を修復しつつ長く住み続ける努力をする一方で、彼らの未来を託せる生命活動の場として、地球は有望な惑星であると判断した。地球は誕生してからまだ40億年しか経ってなく、ここ数億年で生物も爆発的に発生し、多様に進化していて、自分たちの遺伝子を他の地に植え付けるための活動に必要な遺伝子材料も豊富であり、まさに地球は自分たち宇宙人のグループの将来を託せる土地と感じ、彼らの連盟の決定事項として、地球に向かう事になったのだ。それはまさに宇宙の生命活動の進展という視点からの判断と決断であった。

アヌンナキは自分自身を地球人類に写している

　アヌンナキは自分たちと同じ哺乳類型の人類をこの地球で遺伝子操作により進化させることも十分可能であると考えた。自分たちの手で自分と同じ種族を地球の生物を基にして作ることも十分可能との期待もあったはずだ。

彼らにとっては自分たち自身が直接地球に来なくても、先発隊が地球に来て、遺伝子改良をして、哺乳類型人類を生み出すことが出来さえすれば、それは彼らにとって、彼らの精神性を移植する十分な器となり得るのであり、そうすることで彼らが直接地球に来たことと何ら変わらないことになるのだ。つまり彼らは肉体ではなく精神性にこそ重きを置いていることの証なのだ。

実際に40万年前から、継続的に何度も調査隊が地球に入り、地球以外の遺伝子も持ち込み、地球の類人猿との遺伝子掛け合わせで何種類もの初期人類を作り出し、人類の元となる種を選択していった。そして最終的にホモサピエンスを作り出した。そして今ホモサピエンスに対して更なる遺伝子改良を加えて、次の進化した人類を生み出しつつあるのだ。

2億年の時間を掛けた巨大プロジェクト

しかしここに未だ地球人が気付いていない重大な事がある。

実は彼らは、決して地球人のことだけを考えて関わっているのではなく、宇宙的歴史の中で、今後も自分たちの意

思を受け継ぐ資格を持つ、アヌンナキの子孫としての地球人を育てるために地球を実験場として定めた。

　彼らは月という巨大宇宙船に乗って地球までやってきた。古生代から頻繁に地球に関わり続け、地球環境自体を生命を育む環境にするために、これまで述べたようにペルム紀後期の生物大量絶滅と巨大隕石による恐竜絶滅を経て、地上の環境を整え、宇宙環境をも改良し、安定なバンアレン帯を構築するまでに深く関わってきた。

　著者がこの巨大プロジェクトの当事者に成ったつもりで考えてみると、先ず始めに地球上に巨大な実験施設を作った筈だ。地球は広いから何処にでも作れたはずだが、電源はどうしたのだろうか、と考えてしまう。彼らの移動手段にも強力な電源は必要だったはずだ。

　恐らく電源は地球からもらうだろう。とにかく地球の内部には20億アンペアの電流が流れているのだから、地球の電力のほんの一部を分けてもらえば事足りる筈なのだ。

　【abcd状態モデル】に立てば、いくつかのアイデアが生まれてくる筈だ。

　そういえば古代文明においても、知的生命体（X）に導かれる古代人はこうやって電力を作っていたのかも知れな

いと思えてきた。

人類の精神性を高めなければ対等に付き合えない

そして今遺伝子操作により哺乳類型人類まで進化を進めた。

現在は最終段階にあり、彼らの精神性が移り住む環境は整いつつある。それは地球人にとっても、共に進化できる恵まれた環境であることを理解しなければならない。

そのために、最後に解決しなければならない重大な問題も発生している。

UFOを操る彼らの科学技術は素晴らしいが、地球人の思考力であれば、彼らから科学技術に関する教育を受ければ、それなりに使いこなし、十分発達させることが出来るだろう。実はこれまでもそうしてきたと言える。その意味で私たち人類は既に初期アヌンナキなのである。

しかし知るべきは、今これだけでは、半分にしかならないのだ。

実はこれから最も重要な過程に入る。人類は今後さらに

進化して、精神性をアヌンナキの水準にまで高めることが必要なのだ。

　従ってアヌンナキは最後の仕上げとして、地球人に彼らの精神性を植え付けなければならない。

　宇宙意識という知的生命体の共通意識にまで到達する最後の行程が残っている。

　それは宇宙を旅し、宇宙の生命活動に係わるためには、絶対に備えなければならない精神性であるのだ。その点で、地球人はまだ未熟なのである。これについては拙著「現代の黙示録」（献文舎）を参照して戴きたい。

　アヌンナキは地球に自分たちの精神性を移植できる肉体をそのまま作ろうとしたのだ。彼らにとっては別に肉体を持ったまま、地球まで引っ越してこなくても良いのだ。

　この肉体に彼らの精神性を移せば良いだけなのだ。それを彼らは望んでいるのだ。実際ある程度は行われている。しかし知るべきは、その事が地球人が排除されることでは決してない。それが地球人にとっても、大きく進化できるチャンスなのだ。そこに宇宙の進化の過程として、決して矛盾はないのだ。

　つまり高度な科学を学んで、科学技術が発達したとして

も、それが本質的なことではなく、それだけで地球人がアヌンナキに成ったとは決して言えない。科学技術だけでは知的生命体（X）に受け入れられたことにもならない。人間は宇宙人による遺伝子操作で動物の肉体から進化したのだから、肉体にまつわる精神性は有って当然であり、それは現実を生きる上で必要な精神性である。しかしこれからは、それ以外に宇宙に一体化した宇宙意識という高度な宇宙人達に共通な精神性を開拓することが、これからの人類には求められていることになる。

むすび

　著者の「月・宇宙船説」は「月・衝突説」と「月・捕獲説」に対抗するための新たな説である。そして「潮汐力効果論」は「プレートテクトニクス論」に潮汐力を考慮した新しい考え方を導入した改良版というところである。

　突然著者が宇宙人を持ち出してきたことを突飛に思う方が多いと思うが、研究者の間では宇宙人の存在は、もう既に疑いのない存在となっているのだ。世の中では情報が故意に歪められたり、隠されたりしているので、黙っていても耳に入ってくるような情報ではその真実はわからない。もしあなたが、自ら宇宙人の存在を探し出そうとするならば、疑いないような多くの証拠が案外身近なところに沢山発見されるだろう。

　そのような情報は自ら探し出せば必ず発見できる。今や「宇宙人がいるかいないか」の時代はもう既に過ぎて「宇宙人といかに付き合うか」を議論しなければならない時代に来ているのだ。

もう一つ著者は潮汐力を前面に出して地球の営みを説明したが、こちらは案外受け入れやすい論理だと思う。実はここ40年間、主流となっている「プレートテクトニクス論」も1950年代までは、全く信用されなかった理論であった。

　さらに地磁気の逆転も潮汐力の作用として考察した。

　最初は皆、拒否されるのが常である。そのような経緯を知った上で、今後いろいろ証拠を集め「月・宇宙船説」と「潮汐力効果論」を検証し、【abcd状態モデル】を皆さんで改良していって戴ければ幸甚である。

　この書では、心に思いつくままに自説に立脚して、アヌンナキの足跡をたどってみた。事実の点と点を繋ぐには、想像の部分が入るのは避けられない。ここには事実と著者の説による想像が入り交じっているが、そこは分かるように書いてあるので、読者自身で切り分けて欲しい。

　振り返って、このような大きなテーマを扱うと宇宙の広さと深さを実感せざるを得ない。アヌンナキが2億6700万年も昔から地球に係わっていたというのはなかなか信じ

がたい人もいるだろうが、月のような宇宙船を作るほどの高度な科学技術を持つアヌンナキであれば、時空をコントロールし、時空を旅することは十分可能なのだと著者は考えている。

　それは地球にとっては遠い遠い2億年の昔のことであっても、ワームホールを通って時空を旅する彼らにとっては、我々で言う数十年程度の感覚なのかも知れない。彼らは地球の歴史のあちこちに時々顔を出して、地球と係わっているように見える。いずれ地球人も高度な科学技術を手に入れれば、同じ手法で時空を旅することが出来るのだろう。

付録

🌀 宇宙人からのメッセージ、ロズウェル・ロック図形の謎を解く

　地球人はやがて宇宙人を迎え入れて、宇宙人との交流が本格的に始まる時代を迎える。そして地球人も宇宙人となり、宇宙に進出することになる時が来る。

　宇宙人はその時に向けて、地球人との交流を常に望んでいて、実際に様々なメッセージを送ってきている。

　未来の宇宙時代に向けて我々はそのメッセージの存在を知り、多岐に亘るメッセージの内容を正しく理解するべきだろう。著者の執筆や講演の活動もその一環である。

　前回の著書「現代の黙示録」では宇宙人グレイが登場する「ミステリーサークルの図形」に書かれた暗号の意味を解読した。これは正に宇宙人からの直接指令によって解読したと、私は理解している。

　ところで今回は多少違って、知る人ぞ知る「ロズウェ

ル・ロック」にも成った、あのミステリーサークルの図形の象徴的意味に興味を持った著者が、この書の執筆の途中で、突然インスピレーションが働き、解読することになってしまった。

　これは本書にも関連する内容なので、私の疑問に対して、わざわざ宇宙人が応えてくれたメッセージなのだと、私は思っている。

　これは分かりやすい宇宙人からの具体的なメッセージなので、付録として以下に纏めておく。

　【巻頭図1】に示したロズウェル・ロックと、それと同じ図形のミステリーサークルの写真と、著者が読み取って書き直した図をよく見て戴きたい。

　ロズウェル・ロック【写真1】はUFO事件で有名なあのロズウェル事件の現場付近で2004年9月に偶然発見されたものである。そして同様なミステリーサークル図形【写真2】はそれより以前の、1996年8月2日にイギリスのチゼルドン（ロンドンの西約100kmの町）に出現したものである。

　月と太陽のように見える丸と三日月の幾何学的図形が目

立つが、これは月と太陽ではなかったのだ。

　実は「ロズウェル・ロック」の意味するところは、著者も始めはよく分からなかったので、却って興味をそそられた。隠された意味を知りたくて、その写真を私の机の前に貼って置いた。その結果、効果てきめんであった。

　読者の理解のためにもその経緯を順を追って話してみよう。

　本書を執筆中の地磁気発生のメカニズムを考えていたときの事である。

　そもそもこのモデルは元々分子としての鉄が高温高圧の下で、電離して、流体の鉄の分子と自由電子とに分かれていることをイメージしていた。そしてその様に本書では説明した。

　つまり自由電子とは元々分子の中に有った電子が、半ばプラズマ化して分子から飛び出した電子である。そして重要なことは、電離した鉄の分子はプラスの電荷を持ち、電子はマイナスの電荷を持つことである。

　電磁気学の歴史上、実は我々はプラスからマイナスに電流が流れるものとして、学問体系を創り上げたのだ。その

後実験と解析が進んで、主に電子が流れることを発見した
ので、電子はマイナスからプラスに向けて電子流が流れる
ことと理解することで、元々の電流の流れの矛盾を解消し
た。

　この経緯があってのことと思うが「プラス」の記号と
「マイナス」の記号を「＋」と「－」と記述する習慣が出
来た。我々はその習慣に慣れてしまったために、宇宙人も
同じような記号を使うモノと無意識に思ってしまった。い
やいやそんなことは決して思ってはないのだが、その事を
深く考えてみなかったというのが正しいだろう。

　そこで宇宙人の立場から、つまり途中で電子を発見した
のではなく、初めから全てを知っていて電気を扱う時の立
場から、この原理を扱ってみよう。

　ここには電子と分子、つまり電荷のプラスとマイナスが
丸と三日月で表記されているのだ。プラスとマイナスをこ
のように表記するのが、最も自然な思考であるのかもしれ
ない。

　おそらく地球人でも、今から電磁気学を作るのであれば、
そうするはずなのだ。

🌑 水の分子［H₂O］であることの確認

そこでこの【巻頭図1】の図形［**図1－1**］と［**図1－2**］を見て欲しい。

先ず水素原子を想像して欲しい。水素の原子核の周りに、電子が1個回っている。太陽と見えたのは実は軌道から飛び出た電子である。正確には共有結合のために、はみ出た電子と言うべきか。

そして隣にある三日月が、飛び出た後に穴の開いた分子である。電子がはみ出した跡まで残っているように描かれているのが分かる筈だ。

一般化して言えば、電子はマイナス電荷を持ち、質量が極端に小さいためにフットワークが軽い。もともと分子の中にあったモノが飛び出たのが電子である。そしてプラス電荷とは一部の電子が欠けた状態の分子である。

ここには電子と分子、つまり電荷のプラスとマイナスが丸と三日月で表記されているのだ。

先ずここまでは基本理解として、十分に納得して戴けたと思う。

　次に何故、対称図形として描かれているのか。更にはその周辺の図形もあるので、それについても示したいと思う。

　対称となるわけは、これは実際に対象形に並ぶ、このような性質を持つ元素を探してみれば良いことになる。それはつまり、２個の水素原子同士が共有結合している姿にみえるのだが、まだ判断が速すぎる。

　水素は宇宙 開闢（かいびゃく）に於いての基本元素であるから、これをメッセージとして示すことが重要であることは分かるが、地球人としてもそれを水素分子と限定的に、正しく理解できない場合が出てくるのだと思う。つまり我々もメッセージを送る側の立場で考えてみれば、水素分子を図形で示すだけでは、単純すぎて他の意味にも対応する図形となってしまうだろう。ある程度の複雑な図形でなければ、１対１に対応させることが困難であり、最終的な共通理解に達することが出来ないのだと私は理解した。

　そこでこの水素の作る図形の背景にある、もう一つの図形に着目してみた。

　その大きさからして、水素原子よりかなり大きいモノが、下にくっついている。そうとなれは著者は直ぐに直感した。これは水の分子［H2O］を表現しているのだ。

[H2O] であるならば、2個の水素原子の下にあるのは酸素の原子である。それが確認出来れば、この図は2個の水素原子と1個の酸素原子による共有結合の図であることになる。

　【写真1】と【写真2】の図形は [H2O] に決まったようなモノだが、簡略化されたこの図形から、これが酸素であることを確認できれば、さらに確実なものになるに違いない。

　そこで水素の質量数は1で、酸素の質量数は16であることから、質量の違いを読み取ることはできないか考えてみた。

　図形には質量数が書いてないが、水素と酸素を示す丸の図形を球体化した場合の体積比が質量数の比率、即ち1対16になっていることを期待して、計測実験してみた。

　ここからは挿入図で説明する。[**図1－3**] は巻頭図 [**1－1**] と同じモノである。

水の分子　H₂O

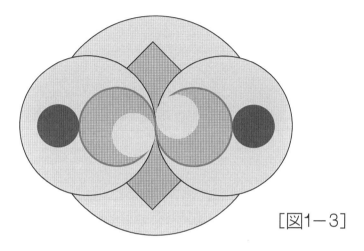

[図1-3]

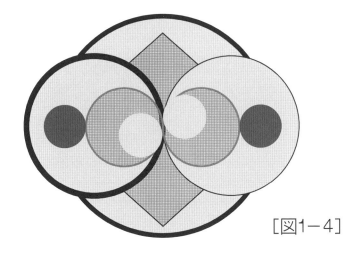

[図1−4]

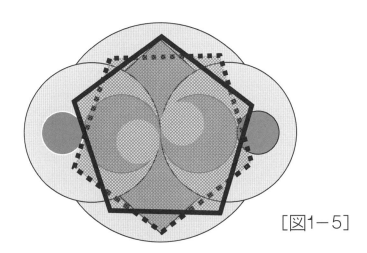

[図1−5]

　［**図1－4**］の黒線太丸を球体に変換して、その体積を比較してみたが、期待外れで、これには見事に裏切られた。
　　そこで次に［**図1－5**］では、水素原子の下側に有るであろう、酸素原子の部分を推定した、太点線と太実線を含む多角形を内部に含む球体で、体積を比較してみることにした。

　この時点で、計測に使用したミステリーサークルの写真は手持ちの最撮画像だったため、かなり歪んでいて、精度は悪いのだが、概略計算によれば、この体積比が1対14〜20の範囲に入ることが確認できた。

　酸素16以外に、水との共有結合で、質量数の比率がこの範囲に入る元素は他に存在しないので、これは2個の水素原子と1個の酸素原子の共有結合を表現したモノであると言えそうである。

　それからもう一つ、上記を補強する優れた特徴的図形を見つけた。
　それは飛び出た電子が両脇に1個ずつあるが、これが酸素原子を描いている一番外回りの図形の大円の内側にある

ことだ。イオン結合ではない共有結合では、それぞれの原子内に互いに入り込んで電子を共有するからだ。これが水の分子であるからこそ、この位置関係に描かれることが［H_2O］であると言える。

　ここまでの説明で、この図形が［H_2O］であることは既に疑いない事実であろう。

　つまり互いに水の分子の構造を確認することが出来た。またこのような図形で分子を表現できることも確認できた。

　宇宙人からのメッセージを受け取った地球人として、ここにコミュニケーションが成立し、互いに物性に関する最も基礎的な所での知識を一部共有出来た事になる。

　このロズウェル・ロック図形のミステリーサークルに対して、地球的表現の［H_2O］を表現して、彼らに送ることで、コミュニケーションは完全に往復となる。

　ところでこの図形は２次元平面であり３次元では無い。従ってこの段階のコミュニケーションは、物理的証明を求めているのではなく、どこまでもコミュニケーションの成立の有無の問題であるから、これは言語に近い象徴的図形であり、物理的に数量的な厳密さを問題にしないで良い。

　このロズウェル・ロック図形は、コミュニケーションのために我々に分かりやすくするために、いろいろ工夫されていることから、これは精密な分子構造を表現したものではなく、コミュニケーションのための模式図であると受け取るのが良いのだ。

　さてそこで上記のことからこの図形は、生命の発生の根源物質である「水」を表現したモノであることが分かった。これを理解することで、水について、互いに確認したことを意味する。さらに他の元素や分子を表現するためには、この図形を応用できることが分かる。今後は互いに他の複雑な分子についての共通理解を増やしていくことが出来る期待を持たせてくれる。

　ここでは先ず最も簡単な分子構造の物質から、知識の共有を進めていきたいという宇宙人からのメッセージなのだ。今後宇宙人は電子と電子の抜けたホール電荷をこのように表現するのだということを記憶しておこう。

宇宙人からのメッセージの主旨

　宇宙人からのメッセージは、地球人に対して、様々な段階に対して成されている。

　ミステリーサークルもその一つであり、私の著書もその一つである。

　彼らからのメッセージにはいくつかの主旨があって、

〇その一つは、人類と宇宙人とで、コミュニケーションのために必要な共有すべき宇宙の根源の法則、根源の物質、基本概念、そういうモノから地球人と共有していこうとする意思表示である。本書の内容、特にロズウェル・ロックの図形はこれに相当する。

〇そして二つ目は、地球人が歴史の中で蓄積した、今更自分達では解決しきれないような、大きな矛盾に気付かせ、それらの過去の蓄積を犠牲が少ない形で、正しい方向に導こうとするモノがある。

　前著で示した、2002年8月15日イギリス、ウィンチェスターで発見された「グレイからのメッセージを表したミステリーサークル」は、地球人に対する歴史的蓄積へ

の危機を示した深刻なメッセージであり、これに相当する。

○そして三つ目は、今後宇宙人と共に、未来を作ることにおいて最も重要なこととして、宇宙人と共通の宇宙意識を持つように、我々を導くことを目的としたメッセージがある。拙著「未完成だった般若心経」に示した、地球の未来を作るための、我々地球人が未来に求めるべき普遍的な価値観を示したメッセージがこれに当たる。

　実に丁寧な接し方である。このような丁寧な接し方からも、宇宙人の、我々に対する真摯な姿勢が自ずと理解できてくるのだ。

　宇宙人は決して神ではなく、本質的には私達と同じ人類なのだから、彼らの都合というモノもあるだろう。何でも人類に有利に導いてくれるとも限らない。甘えてもいけないが、怖がってもいけない。
　地球に関わってくる宇宙人は、地球人の高々10万年の経験とは比較にならない、億年単位の莫大な経験を持ち合わせているのだ。それほどの彼らの経験から来る知恵を信じて、我々も彼らには真摯に対応したい。我々も、普遍的

な宇宙意識を求めながら、交流しなければならない。

　本原稿はyoutubeの献文舎サイト（https://www.youtube.com/channel/UCIukHTYPthssAdWOSwDBpEQ）で著者が講演したモノを、さらに新資料を加えて纏めたものである。

おわり

参考資料
（文中に示したモノを除く）

https://muplus.jp/n/n4e1a5a5253a9

https://cheat-physics.net/?

https://wakariyasui.sakura.ne.jp/p/elec/ro-renn/ro-renn.html

http://www.wakariyasui.sakura.ne.jp/p/elec/dennryuu/dennryuu.html

https://www.denken3.net/lecture-r/list/r001/

http://osksn2.hep.sci.osaka-u.ac.jp/~naga/
kogi/handai-buturi-joron2_2015/Lec07_%E9%9B%BB%E6%B5%81.pdf

https://system.c.u-tokyo.ac.jp/common/professor/isozaki.html

http://www12.plala.or.jp/m-light/Basic.htm

http://osksn2.hep.sci.osaka-u.ac.jp/~naga/kogi/handai-buturi-
joron2_2015/Lec07_%E9%9B%BB%E6%B5%81.pdf

https://doru-bak.blog.ss-blog.jp/2017-04-18

https://www.con-pro.net/readings/water/doc0002.html

未完成だった　般若心経

現代の知性と霊性が融合し、ついに解読した！
あれも無い、これも無い、という解釈は間違い。『空』は実在で、『空』以外は非実在である。さらに驚くべきは「人間の本質は『空』という真実。
ここに「般若・・・心経」の隠された４文字の真意が明らかにされる。
暗号は解読された・般若心経シリーズ第三弾　完結編。

定価２１３０円（税別）

『Self Discovery』（『自分の発見』英語版）

by Kuu Fudou（著：空不動）　定価＄10.26
Format：Kindle Edition

We human beings are now in confusion and aspiring a new value system. We are required to build a true cosmos based on "the Principles of the Cosmos" in this 21 century. "The Great Concept", which has been derived by love of "Transcendent Being" is to achieve a permanent peace of the world with complete harmony between 'individual' and 'overall' by integrating a variety of human race, thought, religion、and value systems. The principle and methodology to carry out these missions is exactly "Self-Discovery" proposed by the author, Master Waro Iwane（Kuu Fudou）.

現代の黙示録 イエスは聖書を認めない

麦畑に突如現れたミステリーサークルは宇宙からのメッセージだった！
秘められた暗号がここに解読された。

「イエスが神のひとり子」では宇宙人が納得しない。イエスもそれを認めない。イエスとコンタクトした著者を通して、イエス自ら画竜点睛を与え、真のキリスト教再生を説く。宇宙人グレイはバチカンの作ったキリスト教の独善を暴き警告する。「いつまでも欺瞞を放置しない」と。ガブリエルは『般若心経の普遍的な世界観』を人類を救う切り札と定め、キリスト教を蘇らせ普遍性を回復させる。人類を育て、守り続けてきた知的生命体は今、我々を仲間に入れようとしている。遂に地球人は宇宙人類として　覚醒の時を迎える。

定価2100円（税別）

献文舎オンラインショップ

http://kembunsha.shop-pro.jp/

書店にはない献文舎発行の書籍は▲こちら(Web)から購入できます。
オンラインショップ限定のオーディオブックもこちらからご注文下さい。

●オーディオブック 「未完成だった般若心経」はじめ、各種書籍を
MP3に音声データ化しました。パソコンやiPod等の音楽プレーヤーに
ダウンロードしてご利用ください。

配送・送料について
　郵送(1)送料は全国一律 180 円(運送会社の料金変更の際はそれに準じます。)
　　　(2)ご注文金額 10,000 円以上の場合は送料無料
支払い方法について
　銀行振込ゆうちょ銀行へのお振込になります。

その他専用サイトのご案内

献文舎： http://kembunsha.com/
→最新情報、著書の無料ダウンロードなど掲載

献文舎 YouTube：https://www.youtube.com/channel/UCIukHTYPthssAdW0SwDBpEQ

→著者の講演動画が全て閲覧できます。一部限定
公開の動画を閲覧できますので、是非一度ご覧
下さい。英語版もあります。

一般社団法人　じねんネットワーク：http://jinen-network.com
→著者の提唱する『実在』を下にした「じねん」文化
の普及と啓蒙活動、著者のセミナーや勉強会を開催し
ています。
著者の活動に関するお問い合わせ、勉強会やセミナー
の申し込み、お問い合わせはこちらにお寄せください。

あなたの「統一行」を手助けする…

CD一人でできる瞑想による統一行

このCDは、みなさまの「統一行」が日常生活の中できちんと習慣化され、またその境地がより高い域に到達できるようにとの願いからつくられました。言うなれば「統一行」の実践をみなさまの最も身近で応援する強力な助っ人であります。

《2枚組》　定価1000円（税込）

✂(きりとり線)

〒104-8238

献文舎

東京都中央区銀座5-15-1
南海東京ビル1F SP865

読者係

〈表面〉

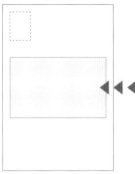

切り取り、又はコピーして
ハガキの表面に貼り付けて
ください。

● 本書を購入されたきっかけを教えてください。
　①新聞　　　　②書店で見て　　　　③YouTubeを見て
　④その他（　　　　　　　　　　　　　　　　　　　　）

● 本書の感想をお書きください。

〈裏面〉

回答、お名前・ご住所など
をご記入のうえ、切り取り
又はコピーしてハガキの裏
面に貼り付けてください。
とくに角はしっかりと貼っ
てください。
※ハガキに直接お書きいた
　だいてもかまいません。

● 今後どのような出版物を希望されますか。

● 本著の講習会、セミナーがあれば
　①参加したい　　　　　②興味はある
　③その他（　　　　　　　　　　　　　　　　　　　　）

お名前：

ご住所：

性　別：男・女　｜　年齢：　　　歳　｜　ご職業：

（きりとり線）✂

【著者紹介】

空 不動（くう ふどう）

本名　岩根和郎（いわねわろう）　1943年2月4日生まれ

　大学では物理学を学び、国立の研究機関では工学と医学の境界領域の先駆的研究に十数年従事。退官後はIT企業の経営者として画像処理技術に基づく独創的なAI、IoT、スマートシティの研究開発ならびに関連事業を展開中。二十数件の特許を有する。普遍的な世界観と理念から生まれた独自のCV・PRM技術による壮大な「もう一つの地球」プロジェクトは国内外から大きな期待と注目を浴びている。

　氏の人生は文字どおり、普遍の真理と宇宙を探求し続ける研究者である。その明晰な頭脳と知性は霊性と融合し、70代後半の今もなお力強く『実在』の下に位置付けられた「人類の真の恒久平和」の実現に邁進する。

　そのスケールの大きさと真理に照らし徹底して現実を生きる『無礙自在』の氏の姿は『じねん』そのものであり、周囲を魅了せずにはいられない。正に宇宙時代を迎える地球に降りてきた使徒と言えよう。

　主な著作には『人間やりなおし』『自分の発見』　般若心経シリーズ『暗号は解読された般若心経』『同・改訂版』『未完成だった般若心経』『現代の黙示録・イエスは聖書を認めない』（ともに献文舎刊）などがある。

月は宇宙船だった
2億6700万年前に地球と会合

令和三年二月四日　一刷発行

著者　　　　空 不動

編集責任　　佐藤理恵子

発行人　　　工藤眞宙見

発行所　　　献文舎
　　　　　　〒104-82238　東京都中央区銀座5・15・1
　　　　　　南海東京ビルSP865

eメール　　kembunsha@yarinaoshi.com
　　　　　　※トラブルを避けるため、発信者が特定されない
　　　　　　メールは自動的に破棄されます。

電話　　　　03（3549）3290

発売所　　　星雲社（共同出版社・流通責任出版社）

印刷　　　　ベクトル印刷

本書に関するお問合せは文書にて、献文舎編集局まで。
落丁・乱丁本はお取りかえいたします。
©Kuu Fudou 2021　Printed in Japan
ISBN978-4-434-28619-3 C0044　¥1600E